定名与相知：

博物馆参观记·二编

扬之水 著

广西师范大学出版社
GUANGXI NORMAL UNIVERSITY PRESS
·桂林·

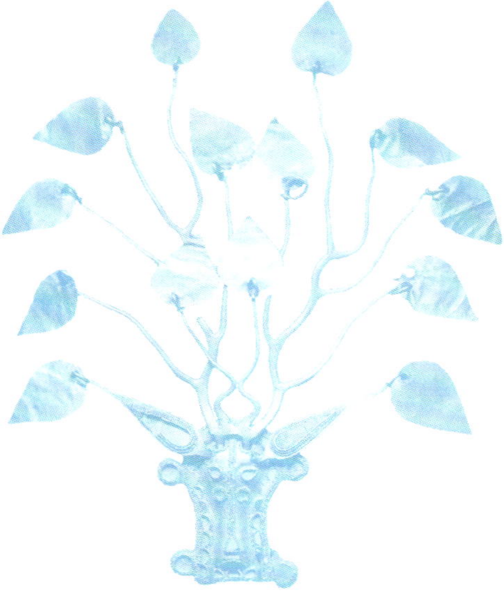

目录

风日常新：

中国国家博物馆藏『杂项』文物中的生活与艺术

小引

所谓“杂项”，是当代博物馆用于分类的一个类目，大约凡是不属于旧日收藏项目如青铜器、玉器、瓷器、书画一类的器物，都可以放在这里。此外，若干零星入藏不成规模、不成系统者，也不妨尽入此中。即如金银饰品，染织刺绣，竹木牙角器，若非藏品可观，一般也都归之于杂项。至于杂项之中究竟包括哪一类器物，却没有明确一致的说法，多依博物馆具体的藏品情况而定。

笔者有幸受邀忝列《中国国家博物馆馆藏文物研究丛书·杂项卷》撰稿人，因有机会目验手抚相关器物，得以细审其详。就所见而言，馆藏杂项类中经由考古发掘的出土文物只有极少部分，多数为传世品，旧藏之外，或来自馆际调拨，或来自捐献和征集。从质地说，有漆器、铜器、金银器、竹木牙角器以及织绣等。以用途论，可粗略别作日常用器、文房清玩、家具小件与服饰。器物时代则以明清为主，而清代文物的数量占得多半。

杂项卷遴选器物百余件（组），名品如元张成款剔红观瀑图漆盒、明江千里款嵌螺钿黑漆执壶、明万历款黑漆描金药柜之类，数量很少，此前曾经他书著录者，也不算多。又有不少器物既不是以工艺独特见胜，亦非存世孤品，因此这里于所收文物之介绍，便不以艺术赏鉴为要，而是力求从器物的造型与纹样、设计构思与来源，器物的用途与使用情景，兼及各地参观所见其他同类器物之比较，以见社会风尚，并且从小说、戏曲、竹枝词、子弟书等文学作品与文物不同角度的互证中，揭示文物的价值。比如漆器和染织，关于工艺与技术，近年的讨论已经很深入，这里便着重说明纹样设计与来源以及它在生活中的使用情形。限于篇幅，虽然只能在简短的文字中略事勾勒一器一物的始末源流，但依然希望我们面对的不是一个孤零零的“物”，而是看到其中的“文”，即它所承载的文化信息，它在历史场景、生活场景中活跃的身影。总之，一件或几件文物与同时代的小说、诗词和绘画共同构成的风俗叙事，是这里读“物”所偏重的一个视角。

一、漆木器

漆木器是馆藏“杂项”文物中数量较多的一类。以工艺言，有剔红、剔黑、剔彩、戗金、雕填、彩绘、描金、螺钿。以用途言，则有馔器，如碗盂盘盏，执壶，攒盒，又日常用器如拜匣，雅玩如香盒，家具小件如药柜、镜台，等等。多为明清时代物。

宋代的几件为素色漆器，这是当日最常见的一种，使用也最为普遍（图 1-1 ～ 3）。既然光素无纹别无妆点，那么其他方面不免要花费一些心思。属于自身者即如造型，属于添饰者即如加釦。菱花式、蜀葵式，都是比较流行的式样，漆器与同时代的瓷器、金银器设计构思也是一致的。至于加釦，这种做法很早就已出现，而宋代釦器今天能够见到的更多一些，如陕西蓝田北宋吕氏家族墓地出土金釦、银釦青釉碗，常州武进村前乡南宋墓出土银釦定窑白瓷盏（插图 1 ～ 2），

1-1

宋“临安府符家”黑漆盂

1-2

南宋“碧天”铜釦蜀葵碟

1-3

宋蜀葵式黑漆盒

插图 1

银釦青釉碗

陕西蓝田北宋吕氏家族墓地出土

插图 2

银釦定窑白瓷盏

常州武进村前乡南宋墓出土

等等。馆藏南宋“碧天”铜釦蜀葵碟，也是同一风气下的制品。此系京都坂本五郎捐赠，而坂本先生一九八五年捐赠台北故宫博物院两件宋代漆器，其中之一的蜀葵碟也是加铜釦的[1]。馆藏这一件高2.1、口径7.2厘米，外底心有朱漆阳文篆书“碧天”二字方印。今或称它为盘，但以尺寸来说，称之为碟，当更为近实，当日通常是用作餐桌筵席上的果碟。馆藏“临安府符家”黑漆盂出土于杭州老和山宋墓，高7.2、口径18.6、底径12厘米，薄木胎，表里一色黑漆，外壁近口沿处朱书“壬午临安府符家真实上牢”十一字。此“壬午”，是南宋绍兴三十二年。同墓出土款识相同、造型相同之器大小三件（插图3），馆藏为尺寸最大者，今藏浙江省博物馆的一件为尺寸最小者。平底无足，似以称作盂为宜。慧琳《一切经音义》卷一百“铜盂”条：“《方言》：无足椀谓之盂。”又卷八十九“盂盛酪”条：“《方言》：盌谓之盂。椀之大而无足者是。”南宋刻本《碎金·家生篇》中的“漆器”一项中列有“钵盂”，应即此类。蜀葵式黑漆盒高7.7、直径14.1厘米，这是漆盒也是银盒喜欢取用的造型，如江苏江阴文林公社出土的一件黑漆盒（插图4）。它可作为果盒，也常用为妆盒。几件素色漆器都是日常用器。匀称平正，漆色光亮，牢固耐久，应是消费者对产品的基本要求，器铭所谓“真实上牢”，是广告语言，也是行业标准。

奉茶用的茶盘，是明清漆器中常见的一类，有大有小，或方或圆，或八角或花口。《三才图会》卷十二“茶盘”名下绘出底有三个圆孔以置茶盏的长方盘是一种，又“托子”名下绘出的六式（插图5），也是同属。大盘可容多盏，小盘则独承一盏。《醒世姻缘传》第五十四回，曰“玉儿送过两杯茶来，朱红小盘，细磁茶锺，乌银茶匙”；

1 蔡玫芬《素漆之美》，页62，（台北）《故宫文物月刊·35》（一九八六年）。

插图 3

宋“临安府符家”黑漆盂

杭州老和山宋墓出土

插图 4

宋蜀葵式黑漆盒

江苏江阴文林公社出土

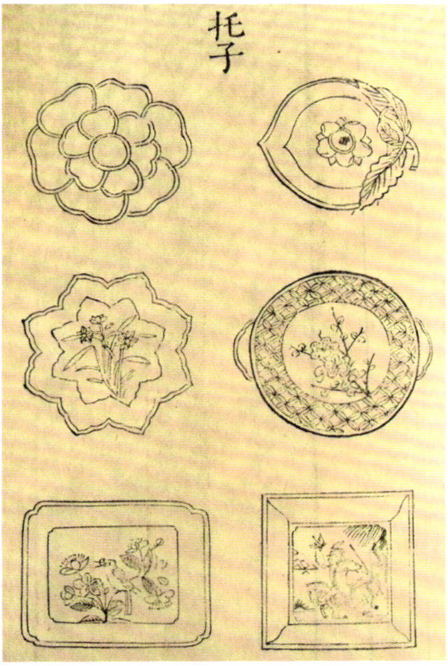

插图 5

《三才图会》中的托子

又《红楼梦》第四十一回，贾母一行品茶栊翠庵，“只见妙玉亲自捧了一个海棠花式雕漆填金云龙献寿的小茶盘，里面放一个成窑五彩小盖锺，捧与贾母”。可知漆茶盘、细瓷茶锺，是用来奉客以及尊者的一份具见精雅的搭配。

馆藏清黑漆螺钿水浒人物方茶盘四件尺寸相同：一厘米高，口径 4.8×4.8 厘米（图 2-1～4）。茶盘盘心填嵌的水浒人物图，系以陈洪绶绘“水浒叶子”或曰“水浒牌”为粉本。“水浒叶子”原是选绘了《水浒传》里的四十名英雄而集成的酒令牌子，张岱《水浒牌序》称陈老莲“才足掞天，笔能泣鬼”，“兼之力开画苑，遂能目无古人”；“古貌古服，古兜鍪，古铠胄，古器械，章侯自写其所学所问已耳，而辄呼之曰‘宋江’，曰‘吴用’，而‘宋江’‘吴用’亦无不应者，以英雄忠义之气郁郁芊芊积于笔墨间也”。又江念祖题《陈章侯水浒叶子引》曰：“罗贯中以方言亵语为《水浒》一传，冷眼觑世，快手传神，数百年稗官俳场，都为压倒。陈章侯复以画水画谷妙手，图画贯中所演四十人。叶子上颊上风生，眉尖火出。一毫一发，凭意撰造，无不令观者为之骇目损心。”[1] 老莲绘笔的好处，尽由此二人道出。章侯作“水浒叶子”，也正是叶子戏兴盛之际，因此流传很广。以此名笔移入茶盘，自然是极好的创意，而螺钿填嵌的技艺精湛，方使得这一再创作分外成功（插图 6-1～8）。比较一丈青扈三娘一幅（插图 7），画笔线条的转折劲利写貌传神，螺钿填嵌几乎未损分毫，却又以选料配色之惬当而更有轶妙幽丽之韵。

清黑漆描金圆盘两件，尺寸相同：高 2.6、口径 15.3 厘米，图案布局也相与呼应，应是一对。其一盘心右半边黑漆地上一弯描金芙蓉，花前一只蝴蝶，左半边分列三行题画诗：“芙蓉生在秋江上，不向春风怨未开。”近缘装饰带以方胜锦地做出三个壶门式开光，

1　引自郭味蕖《中国版画史略》，页 171，上海书画出版社二〇一六年。

2-1

清黑漆螺钿水浒人物方茶盘・母大虫顾大嫂

2-2

清黑漆螺钿水浒人物方茶盘・入云龙公孙胜

2-3

清黑漆螺钿水浒人物方茶盘・混江龙李俊

2-4

清黑漆螺钿水浒人物方茶盘・一丈青扈三娘

插图 6-1

清黑漆螺钿水浒人物方茶盘・双枪将董平

上海博物馆藏

插图 6-2

清黑漆螺钿水浒人物方茶盘・智多星吴用

上海博物馆藏

插图 6-3

清黑漆螺钿水浒人物方茶盘·霹雳火秦明

上海博物馆藏

插图 6-4

清黑漆螺钿水浒人物方茶盘·母夜叉孙二娘

上海博物馆藏

插图 6-5

清黑漆螺钿水浒人物方茶盘·一丈青扈三娘

上海博物馆藏

插图 6-6

清黑漆螺钿水浒人物方茶盘·拼命三郎石秀

上海博物馆藏

插图 6-7

清黑漆螺钿水浒人物方茶盘·九纹龙史进

上海博物馆藏

插图 6-8

清黑漆螺钿水浒人物方茶盘·急先锋索超

上海博物馆藏

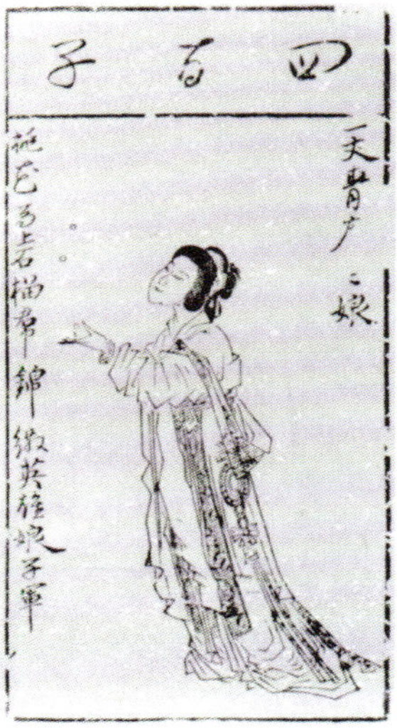

插图 7

水浒叶子·一丈青扈三娘

内里分别添绘折枝梅花（图 3-1）。其一却是盘心左半边一丛描金莲叶与莲花，花前飞着草虫，右半边题画诗分列四行：“自是风流花命薄，不将颜色嫁东风。”（图 3-2）前件盘心诗句出自唐高蟾《下第后上永崇高侍郎》，原作“天上碧桃和露种，日边红杏倚云栽。芙蓉生在秋江上，不向东风怨未开”（“东风”一作“春风”）。高蟾诗原是以天上碧桃与日边红杏拟喻在朝显贵，而以秋江芙蓉自况，不过这首诗把几种花都写得很美，断章取义，字面意思也都好看，因此很可为“文化创意产品”所用，比如制为酒筹。《红楼梦》第六十三回“寿怡红群芳开夜宴”，探春从竹雕的签筒里掣出一根象牙花名签子，便是一枝杏花和一句取自此诗的“日边红杏倚云栽”。描金圆盘独

3-1

清黑漆描金圆盘

3-2

清黑漆描金圆盘

取后两句，则是专为芙蓉礼赞。芙蓉本是荷花的别名之一，这里是指锦葵科的芙蓉，与水芙蓉相对，它也称作木芙蓉，花开在金秋，因又名作“拒霜花”，苏轼《和陈述古拒霜花》“千林扫作一番黄，只有芙蓉独自芳”，王安石《木芙蓉》“水边无数木芙蓉，露滴胭脂色未浓”，都是说它娇艳而又清绝。另一件盘心诗句似从北宋贺铸词的名篇中化出。词曰：“杨柳回塘，鸳鸯别浦。绿萍涨断莲舟路。断无蜂蝶慕幽香，红衣脱尽芳心苦。/返照迎潮，行云带雨，依依似与骚人语。当年不肯嫁春风，无端却被秋风误。”（调寄《芳心苦》，即《踏莎行》）这首词被收入南宋陈景沂编纂的类书《全芳备祖》，自然更为人们所熟知。

明清时代戏曲故事大量进入装饰领域，取用最多且持续最久的大约首推《西厢记》。《西厢记》的深入人心，多半在于以情动人，它因此又在重性灵与真情的明末文人士大夫中尤得推重。张宗子《快园道古》卷四中记道：“张洪阳见《玉茗堂四记》，谓汤义仍曰：‘君有如此妙才，何不讲学？’义仍曰：‘此正是吾讲学，公所讲是性，吾所讲是情。’”同卷中的“活参”故事也早为人熟知：“邱琼山过一寺，见四壁俱画《西厢》，曰：‘空门安得有此？’僧曰：‘老僧从此悟禅。’问：‘从何处悟？’僧曰：‘老僧悟处在临去秋波那一转。’”清代黑漆螺钿《西厢记》故事图盘的制作很是兴盛，并且多有“千里”款，至今尚有不少存世。漆盘图案选取的《佛殿奇逢》《乘夜踰墙》《长亭送别》，也都是绘画和工艺品纹样采用比较多的戏剧片段。明瞿佑有《画堂春·题莺莺故事》两首，作者自注：“蹇舍以崔莺故事，画作《春闺欢会》《秋郊惜别》二图求题，为制二词，俾书于上。”题《秋郊惜别》一首曰：“碧云开霁雁南飞，黄花满地芳菲。起携素手出罗帏，粉泪频挥。/暂把车停绣毂，仍将马驻金鞿。少留行李惜分离，此恨谁知。”明钱希言《狯园》卷十六《雕工》一则记吴中名工沈宗彝所制诸器备极精巧者，有“蒲桃壳上镂出《草桥惊梦》一段”，又一件是橄榄核上雕“碧云天”一段，描写御者持鞭整镫，“崔、张两人作徘徊顾盼之态，奇幻出于意表矣。其景即‘车儿投东，马儿向西’两句也”。瞿佑所题《秋郊惜别》与沈宗彝橄榄核上雕的“碧云天”，出自第十五出《长亭送别》，开场唱的两支曲子最是广播人口，“碧云天，黄花地，西风紧，北雁南飞。晓来谁染霜林醉，总是离人泪”。“恨相见得迟，怨归去得疾。柳丝长玉骢难系，恨不得倩疏林挂住斜晖”。馆藏黑漆螺钿《西厢记》故事图盘之一便是以此为盘心纹样。而以《佛殿奇逢》为图案的黑漆螺钿盘则有构图不同的两件。手拈花枝，临去秋波，原是剧作家笔下的经典画面，惊艳的瞬间，也由隽语传神，“恰似呖呖莺声花外啭，行一步可人怜，解舞腰肢娇又软，千般袅娜，万般旖旎，似垂柳晚风前”。然而转眼便是“门掩着梨花深院，粉墙儿高似青天，恨天不与人行方便，好着我难消遣，端的怎留连。小姐，则被你引了人意马心猿”。两件漆盘构图相近，巧用螺钿之明丽为人物风景布色施彩也各有奇妙，而莺莺手拈花枝的一枚构图紧凑，便更有“人远天涯近”的韵致，虬干老枝密叶团簇掩映的一带粉墙，也隐然“梨花深院”之意。四件漆盘尺寸相同：高 1.9、口径 12.4 厘米（图 4-1 ～ 4）。

4-1

清黑漆螺钿《西厢记》故事图盘・佛殿奇逢

4-2

清黑漆螺钿《西厢记》故事图盘・佛殿奇逢

4-3

清黑漆螺钿《西厢记》故事图盘·乘夜踰墙

4-4

清黑漆螺钿《西厢记》故事图盘·长亭送别

明“千里”款黑漆螺钿执壶为馆藏名品，也是存世同类器物之白眉。执壶壶身黑漆锡胎，通高35、口径6.3×7厘米。长颈弧腹，勾柄曲流，方口方足，能够用到的线条之美，尽取来为此壶造势造型。细薄螺片做出的六出朵花在曲柄弯流和圈足外铺就锦地，作成磬折形的薄螺片细细密密填嵌在壶身的起棱处，于是勾勒出上下两面四个开光。光内外缘用细小的圆螺片构成连珠纹，黑漆地上是红玛瑙、绿松石、珊瑚、螺钿嵌出的花鸟小品，枝干虬曲，新绿滴翠，花开烂然，栖枝小鸟与一只采花蝶相与呼应，两点鲜丽嵌出微风中的鸟语花香。安置勾柄和弯流的四个开光，内里镶嵌折枝花。壶盖之表是描金缠枝花卉，委角方钮的顶端一朵薄螺钿嵌出的石竹花。足底嵌篆书“千里”，“里”字上面一横所嵌螺钿已脱失，穴槽痕迹犹存（图5）。江千里是制作黑漆螺钿的名家，不过这一件执壶当是百宝嵌与螺钿镶嵌并兼。清嘉庆刊本《扬州府志》卷七十二引《田居杂记》曰：时有一联云“杯盘处处江秋水，卷轴家家查二瞻”。秋水

5

明江千里款嵌螺钿黑漆执壶

是扬州江千里的号，与名画家查士标同时，而江千里的制作寻求的正是绘画效果，不仅当日引领时尚，后世追仿者也有不少，伦敦维多利亚与艾伯特博物馆藏康熙时期仿制的一件“千里”款执壶[1]，即是一例。

富贵之家一套餐具的完美组合且统置于一器，早已完成在东周，而尤以漆器为多，如湖北荆门包山楚墓总装一套十二事的漆酒具盒（插图8）。漆器之外，尚有铜器，如河南信阳长台关七号楚墓出

1 《海外藏中国古代文物精粹·英国国立维多利亚与艾伯特博物馆卷》（吕章申主编），页265，安徽美术出版社二〇一四年。

土内置食具的铜扁壶和葫芦式铜盒[1]。至于皮胎漆器，虽然也见于东周，并且历代不乏制作，不过葫芦式皮胎餐具盒，却似乎以清代贵州制品为著。故宫博物院所藏一器，黑漆描金的葫芦式餐具盒，内实红漆描金提梁壶、茶锺、碗、匙、盘、碟、攒盘，凡七十九事，全部器皿均为皮胎，系贵州制造[2]（插图9）。《髹饰录解说》录朱启钤先生语："贵州毕节漆器多用水牛皮作胎。做法是将牛皮泡软，铲平，包裹在器物模型上，待它干固后取下，如有不平的地方，用熨斗熨平，上面再上漆。河南襄城也产皮胎漆器，箱匣多用牛皮，上朱漆描金色花纹，可历百年不坏。"而皮革做器胎的好处是皮革浸软后，取形方便，且无接缝，不易开裂[3]。

馆藏贵州皮胎餐具盒一器，造型取作一剖为二可开可阖的亚腰葫芦，遍身朱漆彩绘，亚腰上方是折枝牡丹，下方是龙戏珠，两相扣合，便是一幅二龙戏珠。内实大盘四，小盘十二；圆碟、海棠花口碟、酒杯、饭匙各八，从大到小四种尺寸的碗三十二（图6）。诸器外壁或内心分别彩绘折枝花：牡丹、桃花、梅花、山茶、荷花。值得注意的是，大碗外底心贴着店家印制的裹贴亦即仿单，道是"姚新盛　本店在黔省大十字黑羊井对门，自造硃红牛皮赤金漆器俱全，包用不悮，凡有赐顾者，请认招牌为记"。

漆盒是家居用器"竹木家火"中不可缺少的一类，明清时代漆器的式样更为繁多，小说中颇有使用情况的描写，它也常常现身于绘画。

馆藏清雕填缠枝莲五蝠捧盒通高10.7、口径29、底径17.5厘米，

1　河南省文物考古研究所等《河南信阳长台关七号楚墓发掘简报》，页37～39，《文物》二〇〇四年第三期。

2　故宫博物院《清代宫廷包装艺术》，页210～211，紫禁城出版社二〇〇〇年。

3　王世襄《髹饰录解说：中国传统漆工艺研究》（修订版），页168，文物出版社一九九八年。

插图 8

酒具盒

湖北荆门包山楚墓出土

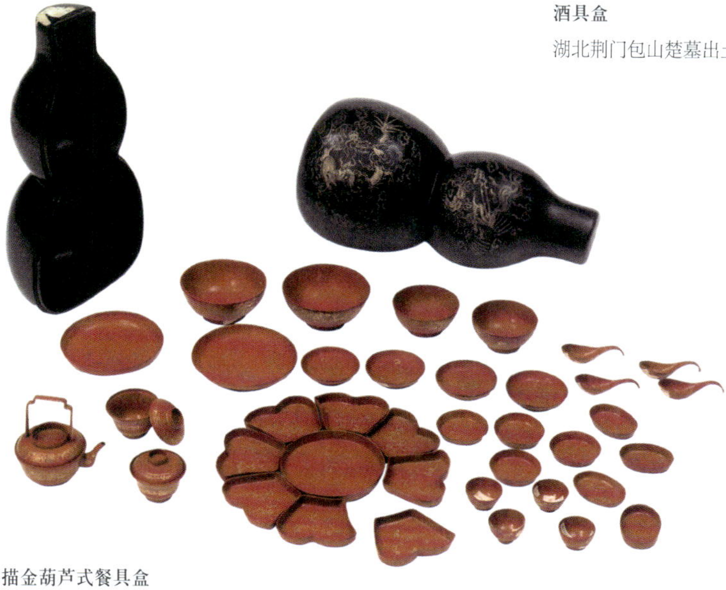

插图 9

清黑漆描金葫芦式餐具盒

故宫博物院藏

6

清皮胎朱漆彩绘葫芦式餐具盒

清皮胎朱漆彩绘葫芦式餐具盒仿单

黑漆其内，其外通体髹朱漆，盖面一周十二朵如意云头作成开光，内以卍字绣球为锦地，绿叶红花的六朵海石榴绕作花环，环心是五蝠捧牡丹（图7）。

捧盒里满摆上适形的浅碟，即成攒盒或曰手盒。清丁耀亢《续金瓶梅》第二十回道郑玉卿往李师师家贺寿，“吃茶下去就抬了一张八仙倭漆桌来，就是一副螺钿彩漆手盒，内有二十四器随方就圆的定窑磁碟儿，俱是稀奇素果”。又《红楼梦》第四十回说到的“十锦攒心盒子”，第四十一回道席罢“将攒盒散与众丫鬟们吃去”，都是此类。

馆藏剔红冰梅纹攒盒原为清宫旧藏，外底心有“大清乾隆年制”款。通高17.6、口径39.5、底径33厘米，底层是黄漆剔刻的方胜锦地，上压茶褐色冰裂纹，点点朱红是梅花，是梅萼，是梅萼、梅朵两相依，通体冰梅布置出清寒里的娇艳。盒内设九个掐丝珐琅攒盘，四周八个是缠枝莲与如意云内外环绕的暗八仙，千年一结实的三枚仙桃占得中心。八仙与寿星一起合了“九”之数，无处不喜，无处不吉（图8）。

冰梅纹的流行，源自明人对官窑瓷器之开片即所谓“碎器”的欣赏。“碎器”大约就是南宋商业手册《百宝总珍集》卷九“青器”条中说到的“有鸡爪纹者”，而在这里被称作“尤好”。明周宪王朱有燉杂剧《新编四时花月赛娇容》里，牡丹仙子唱的一支〔那

7
清雕填缠枝莲五蝠捧盒

8

清剔红冰梅纹攒盒

吒令〕，道“花枝插古瓶”与“香烟袅凤鼎”，乃云淡风轻养花天里的赏心乐事。以明话本小说集《七十二朝人物演义》插图中标示的“古瓶”（插图10），可知歌曲中的插花之“古瓶”便是仿官窑的瓷瓶。徐渭《画插瓶梅送人》“苦无竹叶倾三斝，聊取梅花插一稍。冰碎古瓶何太酷，顿教人弃汝州窑”，题下且自注“瓶作冰裂纹”，更是一证。冰梅纹的设计或即由此而来。而宋代已经有了“梅窠水玉笺”，南宋许棐《宗之惠梅窠水玉笺》：“百幅吴冰千蕊雪，对吟终日不成诗。忆君同在孤山下，商略春风弄笔时。”[1]它应该是清代流行的梅花玉版笺之前身。既有高洁之品格，又有报春之清韵，冰梅纹因此成为装饰领域里常见的图案。

此外又有提匣或曰撞盒。体量不大，

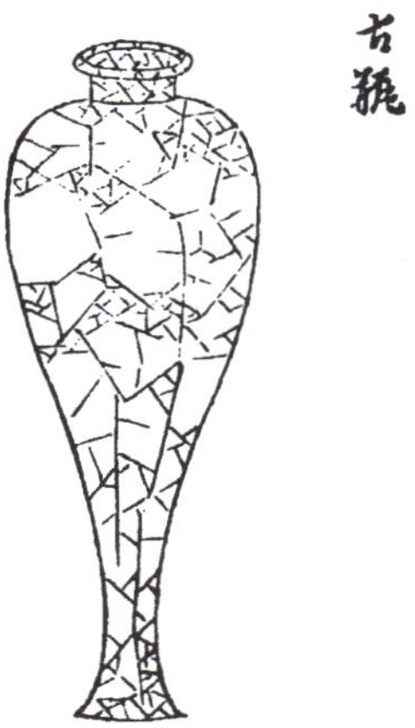

插图10

明《七十二朝人物演义》插图
中国国家图书馆藏

1 北京大学古文献研究所《全宋诗》，册五九，页36860，北京大学出版社一九九八年。

造型俊秀；容物多且品类丰；既有居室陈设之妍雅，又有外出携行之灵便，这是自宋以来各式提匣的设计思路。高、广各一尺左右，前后宽度稍减等，也是通常采用的尺度。具体式样以及内中如何容物、容何等样物，文彦博咏“游山器”、沈存中《忘怀录》所述“行具二肩”、高濂《遵生八笺》卷八推介的“提盒”、李斗《扬州画舫录》卷十二记江羼生制“游山具”，均各有分说，各存备细。总之，是匣中有屉，屉中有盒，使之器小而乾坤大。不过关于提匣本身的装饰之美，似乎涉及很少。就实物而言，存世清代之器最多，而以故宫博物院收藏为最，式样丰富，制作精好。

馆藏清剔红山水人物双联提匣系清宫旧藏，通高 32、长 34.5、宽 18.8 厘米（图 9）。顶端提梁两边各一个抽屉，下方双开门的柜子里中腰设两个抽屉，两个门扇以及提匣两侧与背面，各以回纹围出六幅山水人物，画外四角是龙花拐子。正面两幅，其一春渚遣兴：高柳下一弯曲水中雕栏回护的水榭，杨柳近风，凫鹥拍水，水榭里二人对谈，一人若有所言，一人捻须若有所会。其一荷亭销夏：布局与春景相近，却是以对谈者手中的扇子和水中一叶采莲船点明时令。“柳屿花汀随处有，只有闲人难得”[1]，可移来为此图点题。侧面两幅山水人物，一是禅院清谈，一是“闲看儿童捉柳花”诗意。背面两幅是略带叙事趣味的渔、樵、织、读。群木拥翠，水光潋滟，远近参差，尽由剔刻之工在朱红一色中宛转出之。装饰纹样的取用也同提匣用途相与呼应，正如清宫旧藏与此形制相近的一具剔红文会图提匣[2]（插图 11）。

“套盒”也是清代常用的器具，时称屉盒，因一具多屉，便又

1 清蒋士铨《百字令·家戟门员外莲塘销夏图》。按作者乾隆十九年夏应蒋溥之聘馆于其家，戟门即蒋溥之子蒋赐棨。《忠雅堂集校笺》（邵海清校，李梦生笺）册三，页1849，上海古籍出版社一九九三年。

2 《故宫博物院藏文物珍品大系·清代漆器》（李久芳主编），图四五，上海科学技术出版社等二〇〇六年。

9

清剔红山水人物双联提匣

清剔红山水人物双联提匣侧面

插图 11

清剔红文会图提匣

故宫博物院藏

叫作十锦屉盒。家居、行旅，都有其便。《红楼梦》第十五回《王凤姐弄权铁槛寺 秦鲸卿得趣馒头庵》，道凤姐儿一行往铁槛寺的途中在预备好的下处打尖，“家下仆妇们将带着行路的茶壶茶杯、十锦屉盒、各样小食端来，凤姐等吃过茶”，即是它的用途之一。馆藏清黑漆描金屉盒，通高 21.2、宽 21.5 厘米，连钱纹的造型，上有一个剔红罩子，罩顶剔彩瓜蝶，下有一个剔红带拖泥的六足小几，五屉的顶端一个黑漆描金盖，盖面中央是折枝牡丹，两边芙蓉、菊花、山茶和结在一个枝子上的石榴、佛手、桃。上方灵芝与犀角，下方是如意和长“寿”字，上下左右又是芭蕉、柿子、戟磬、金锭，周围四只蝙蝠，或衔书卷，或衔桂枝，或衔连钱，五屉立墙也是大致相同的图案，全器装饰总是不离瓜瓞绵绵、吉庆如意、福在眼前的颂祷（图 10）。沈阳故宫博物院也藏有同样的一具（插图 12）。

活跃在日常生活中的各式漆木器固因用途不同而各有名称，不

10

清黑漆描金屉盒

过在使用中，其实用途也并不固定，比如半为实用半为雅玩的香盒，这一类尺寸不大的小盒，既可作为“炉瓶三事”之一用于贮放香料，却也不妨脱离开炉瓶作为案头清玩自成格局。至于盒内置物，则尽凭主人喜好。

清代漆盒造型常取“象生”，且多选用寓意福寿的瑞果，复以吉祥图案构成多声部的颂祷之音。东京国立博物馆藏一件清剔红山水人物桃式盒，盖面以桃花、桃实和蝙蝠做出一个桃式开光，光内山水间老者擎花篮，童子捧葫芦，盖里铭曰“九如宝盒”，器底里有“大清乾隆年制”戗金楷书款（插图 13）。“九如”之颂取自《诗经·小雅·天保》，可知漆盒的设计，意在以造型与纹样共同构成福寿绵长之颂。

馆藏清剔彩花篮式盒通高 4.4、径 11 厘米。它仿佛“九如宝盒”纹样中的花篮特写，盒盖盖面是黄色回纹锦地上遍身方胜的朱红花

插图 12

清黑漆描金屉盒

沈阳故宫博物院藏

插图 13

清“九如宝盒”

东京国立博物馆藏

篮，高起的提梁上拴着彩结，花篮口沿探出枝子的是灵芝、南天竹和山茶（图11）。纹样的点题之笔，则即结着红豆的南天竹和开着粉红花的山茶。梅花、山茶、南天竹，岁朝之丽景也。《帝京景物略》卷三“草桥”条曰，右安门外南十里草桥，居人以花为业，“都人卖花担，每辰千百，散入都门，入春而梅，而山茶”。南天竹，也作天竺，清初陈淏子《花镜》卷三“南天竹”条曰，“南天竹（一作竺），一名大椿，吴楚山中甚多。树高三五尺，岁久，亦有长至丈者”；“叶似苦楝而小，经冬不凋，实干敷枝。三四月间开细白花，结子成簇，至冬渐红如丹砂，雪中甚是可爱，亦可制食”。故宫宁寿宫花园玉粹轩明间西壁通景画里绘绣墩旁边的两小儿正向瓷瓶里插花，一个手拈梅枝，一个手里攥一枝山茶，绣墩上横一枝结着红豆的南天竹（插图14）。台北故宫博物院藏一幅缂丝《岁朝图》，一个大葫芦占据了整个画面，葫芦的亚腰上方为诗塘，下方一个青花美人觚，里边满插山茶、梅花和天竺。诗塘为乾隆三十九年《题钱选岁朝图》御制诗，句云“婀娜茶红报春丽，郁芬梅白飏风鲜。瓷瓶插处间天竺，石盎植来惟水仙”[1]。可知茶红梅白间天竺，正是岁朝花事中的盈盈春色。而这一件剔彩花篮式盒原初也很可能是一对，另一个花篮里会配了梅花，一起为岁朝乐事添彩。

婴戏图在唐宋时期就已经很发达，虽然婴戏图本身原有着对生活充满热爱与祝福的温馨情调，并不以纯粹表现童趣为主旨，但宋代绘画注重写实的精神和画家对生活的细微观察，却能够使以婴戏为题材的绘画总是童趣盎然。明清婴戏图逐渐向吉祥题材转化，前朝图样至此多成为固定的程式，并且每以谐音为之添加吉祥的寓意。

馆藏清剔红婴戏图石榴式盒通高五厘米，口径9.5厘米（图12）。造型是个石榴象生，环着石榴装饰一周琪花瑶草，上下石榴嘴儿各

---

1 《京华岁朝》，图一一，台北故宫博物院二〇〇八年。

11

清剔彩花篮式盒

插图 14

宁寿宫花园玉粹轩明间西壁通景画局部

12

清剔红婴戏图石榴式盒

有一只蝙蝠。盖面是岸边山石旁嬉戏的三个孩儿，一个左手高举一枝桂花，两小儿争抢，这是清代造型艺术中流行的吉祥语汇，便是蟾宫折桂。且看牛津大学阿莫什林博物馆藏一件清代青花婴戏图小盒，盖面欢欣舞蹈的一个小儿手里一枝桂花，左上方纵列两行八个字“手攀丹桂，方是男儿”（插图 15），一语揭明图案意旨，也正好可以用作漆盒的图解。

明剔红花鸟匣一件原为清宫旧藏，通高 11.3、长 36.7、宽 22 厘米（图 13）。一个浅屉坐在口沿，盖里录乾隆作于癸卯仲春的《四藏书屋咏文房四事》诗并序，序中说道“兹得明雕漆匣，恰宜置文房四事于中而藏于书屋，因即以名之”。此癸卯为乾隆四十八年。辽宁省博物馆藏清人《仿王振鹏圣母贤妃图》长卷中汉和帝后邓氏一幅，绘邓后“郡国贡献悉令禁绝，岁时但供纸墨而已”，下方两个内官一人捧书帙，一人捧着红漆匣（插图 16），那么匣里自是与文字相应的纸墨，却正仿佛此匣在图画里现身。

插图 16

清人《仿王振鹏圣母贤妃图》

辽宁省博物馆藏

插图 15

清青花婴戏图盒

牛津大学阿莫什林博物馆藏

13

明剔红花鸟匣

明剔红花鸟匣立面

明剔红花鸟匣盖面

雕漆匣以方胜锦地上的一幅庭院春色铺满盖面，近底高低起伏的一痕毬路纹锦地是庭院草坡，中间水仙、湖石和花发正旺的一大丛牡丹，两边各一株折腰桃树，花开烂漫，几枝辛夷探身在右上角，花木丛中一左一右四只春燕，栖息桃树者二，舞翅停空者二。盖与盖身的立墙共以四季花卉烘托主图。通体只是朱红一色，却凭了剔刻与打磨见出"墨分五色"，湖石之窍，枝干之节，翠叶娇花噙露含风，开阖映带，无不有赖于工匠的奏刀有情。

馆藏清乾隆款戗金彩漆双凤长盒亦为清宫旧藏（图-4），通高14.2、长36.6、宽21.4厘米，黑漆其内，朱漆其外，盖面与器足、器盖与器身的立墙及口沿，分别以色漆装饰纹样不同的锦地。盖面八个黑红相间的如意云头串连起开光内的边框，内里朱漆地上一对朱冠翠羽遍身金光的团凤，凤尾合抱处拢一朵牡丹花。开光外的卍字锦地上缠枝菊花与夔龙拐子顾盼相牵，外缘细细一周回纹。器盖与器身的立墙都是龟背纹锦地上拐子龙勾边，两边相向拱出枝叶飘飏的海石榴，中间一个长"寿"字。口沿是卍字锦地上折枝花拱卫的蝙蝠。底足立墙一周缠枝西番莲。盒底刀刻填金"大清乾隆年制双凤长盒"楷书款。故宫博物院藏有与此相同的一件，当是一对。

明清时代使用极广的家常用器中，拜匣也是一大类。通常的样式是长方而略扁，若近方而略高，则名作拜盒。日人中川忠英编《清俗纪闻》分别绘出的拜匣与拜盒[1]（插图17-1～2），可代表式样之一般。

馆藏明紫檀拜匣长24.5、高9.6、宽15.7厘米。拜匣贴口沿坐着一个浅盘式小屉，屉高3.1厘米，这也是拜匣常见的形制。盖面一幅十八学士图。两株松树交柯于上，几朵流云送来一点清荫。芭蕉叶肥，湖石挺秀。下方生着灵芝的草坡上一对仙鹤。三摺屏前一个内翻马蹄足的长案，案边放着两函书，又是香盒、匙箸瓶和放在

1 拜匣，见《清俗纪闻》卷五《闾学》；拜盒，见卷八《婚礼》，宽政十一年刊本。

14

清乾隆款戗金彩漆双凤长盒

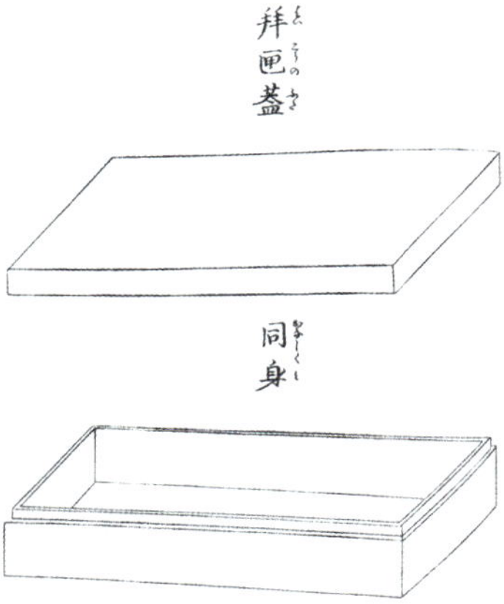

插图 17-1

《清俗纪闻》插图

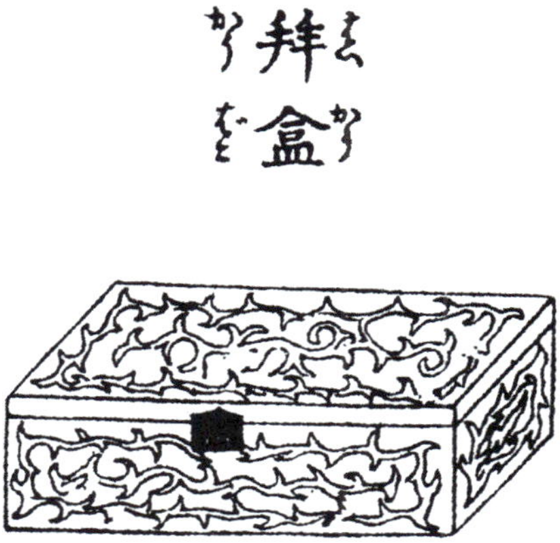

插图 17-2

《清俗纪闻》插图

座子上的一个簋式小香炉，正是“炉瓶三事”。据案而坐四个人，其中一人展卷读书。屏风旁边一组六人，拨阮者一，赏音者五。湖石旁一张矮榻，前面设着踏床，二人并坐，展卷论画。画面下方，左侧二人对弈，一人观棋，一个小童站在后面持打扇。右侧三人谈笑而行，后有僮仆携琴相随。盒盖与盒身立墙是流云间转腾隐现的螭虎，边缘分别阴刻细线回纹（图 15）。

《十八学士图》的始创者为初唐阎立本，宋元以来渐成传统题材，只是离开史事已经很远。它在明清时代又与各种雅集图交汇，而主旨都在于描绘文士风流，即书斋庭园中的烹茶饮酒，会棋赏画。拜匣的装饰取材于此，也与用途相呼应。

拜匣内也常会贮放银钱乃至珍玩，因或添加锁钥装置。馆藏一件清黑漆彩绘人物拜匣便是有锁钥的，高 6.3、宽 20、长 36 厘米。立墙彩绘桃花蝴蝶，盖面一幅常见的携琴访友图，远山近树，水榭堂轩，点点青苔的园径，主与客与抱琴的小童，整个构图都是程式化的，也正是拜匣中的一类典型式样（图 16）。

15

明紫檀雕十八学士图拜匣

局部一

局部二

明紫檀雕十八学士图拜匣立面

16

清黑漆彩绘人物拜匣

“文具”，明清时代通常是指存置文玩之器，与今天的文具一词含义并不完全相同。文，文房清玩也；具，是箱匣一类的器具，它也称都丞盒、都丞匣或都丞文具。记述抄没严嵩家产的《天水冰山录》“都丞文具”一项，笔、墨、砚之外，内中又有水注、水盂、笔架、镇纸、镇尺、裁纸刀、铜镜与牙嵌镜架、图书匣亦即印匣、香炉、香台、抿刷、骰子等三十余事，质地包括了铜、木、牙、角、玉。

书室常用的文房诸事率皆制为漆器，也是一种别致的做法。馆藏彩漆都丞文具十事：花插、笔筒、镜、砚台、镇纸、印泥盒、水盂、笔架、墨床各一，乃以田园景物为主，做成一组“象生”而合成一套文房用具。贴着老干发新枝的梅树，带着嫩叶的竹节，葫芦，秋叶，瓜瓞，嘉禾，又别取一枝珊瑚、一弯临水的梅梢月，分别成为花插、笔筒、水盂、墨床、笔掭、印匣、砚盒、笔架、镜与镜架，天机物趣，移作几案清玩。一色黑漆托起的柏树绿、墨绿、柳黄、藤黄中一抹丹红，竟是妍雅生新，虽然这里各样用具的造型都取自传统样式。珊瑚笔架，葫芦水盂，荷叶笔掭，各样物事拿在手里都轻若无物，惟以金漆螭虎为捉手的一具绿漆镇尺稍有分量，自然是为了“镇”的功用。置放诸事的黑漆文具其表起沿略高，是个都丞盘的样式，下方却又设了抽屉可贮物，便兼有都丞匣之用，也是设计者汲取传统的创意（图 17-1 ～ 4）。如此十事以一器相承，便于陈放书室随宜取用，也宜于远足携行。故宫博物院藏有与此意趣相近的一副。

明清时代的漆器制品，既有日用俗器，也多有文房雅玩，这一部分自然纳入精于品鉴的文人视野。高濂《遵生八笺》卷十一《燕闲清赏笺上》“论剔红倭漆雕刻镶嵌器皿”一节，差不多可以看作一部明代工艺小史。其中说到的“倭漆”，主要是指泥金画漆，日本称作莳绘，最初是由中土传往东瀛，自奈良时期起步，逐步融通中国漆工艺中描饰、填嵌、阳识等项，而发挥自己的创造，至把这一技艺发展到绝美。“莳绘”云者，播也，栽也，即用漆描绘纹样，播撒金粉或色粉成象，然后拭漆或罩明研磨推光。施以纹样的方法主要有研出莳绘，平莳绘，高莳绘。高莳绘与中国漆艺的堆灰约略相似，不过工序更多更细。与中国描金工艺“细钩”“疏理”“黑漆理”大致对应的莳绘工艺，为“付描”，即撒金丸粉研磨成阳纹脉理。此外尚有“切金”与“描割”，等等。至于地饰，则主要有两大类：一为沃悬地，一为梨子地。前者，是金粉密布为金地；后者是播撒

17-1

清彩漆都丞文具

17-2

清彩漆都丞文具・葫芦水盂

17-3

清彩漆都丞文具・花插

17-4

清彩漆都丞文具・金漆螭虎镇尺

梨地粉，以其色如梨皮而名之。莳粉疏密不同又更有不同名称，密者便曰浓梨地。总之，莳绘的工艺十分细致，工序也非常复杂，但就其大要而言，播撒金粉之后研磨，乃莳绘工艺的基本特色[1]。

宋初日本僧人来朝，进奉的礼物即有各式金银莳绘筥亦即匣（《宋史》卷四九一《外国传》）。明代它仍作为贡物时入中土。宣德时乃有中国工匠东渡学得其技而归[2]，后来常称此法为洋漆，总把它作为室内陈设中优雅的点缀，不过较之"倭制"或稍有不及。日本制作的莳绘质地轻薄如纸，造型秀巧俊逸。它的装饰，是把植物、动物和自然风景图案化，然后用本来属于大富大贵的颜色亦即金色铺写幽奇的诗境。明代工艺之风尚奇，尚巧，莳绘自然深得爱赏。莳绘砚匣、梳匣、手箱、文台，都被视作文房清物。清代依然，不仅使用更多，且有大量"仿洋漆"。清宫遗存中，定为洋漆器者有两千四百余件，定为仿洋漆者一千六百余件[3]。"洋漆木匣""洋漆幢盒""洋漆桃式香盒""洋漆筯""洋漆管毫笔"，都是李煦奏摺中列出的进奉康熙之"洋漆小件"[4]。《红楼梦》第三回说到王夫人居坐宴息之处坐褥两边设"一对梅花式洋漆小几"，第四十回探春房里一个"洋漆架"，第五十三回曰贾母的榻上"一头又设一个极轻巧洋漆描金小几"，俱为作者下笔的用心之处，可见一时风尚。而诗人笔下的东瀛莳绘，更是似真如幻。清蒋士铨《迈陂塘·洋漆盒》所云"忆浮提、金壶入贡，石髓当年曾献。制成小盒亲持赠，墨晕黝光零乱"；"奇擎好，更比五铢轻倩"，正道出莳绘小盒的诸般好处，

---

1 长北《〈髹饰录〉与东亚漆艺——传统髹饰工艺体系研究》，页419，人民美术出版社二〇一四年。以上所述系撮录其要。

2 王世襄《髹饰录解说》（修订版），页85，文物出版社一九八三年。

3 夏更起《故宫博物院藏"洋漆"与"仿洋漆"器探源》，页136，《故宫博物院院刊》二〇一五年第六期。

4 故宫博物院明清档案部《李煦奏摺》，页2～3，中华书局一九七六年。

18

日本莳绘松鹤百寿带屉盒

日本莳绘松鹤百寿带屉盒・盖里

日本莳绘松鹤百寿带屉盒・屉

此词大约作于乾隆二十年间[1]。“浮提”云云，典出晋王嘉《拾遗记》卷三中的周灵王故事，在这里代指东洋日本，“金壶”，指精良之墨。“墨晕黝光零乱”，则小盒纹饰乃黑漆描金。“更比五铢轻倩”，极言胎骨轻薄也。

馆藏日本莳绘松鹤百寿带屉盒，通高 8.1、口径 14.6 × 18.4 厘米。盒身极轻，盒盖与内里的浅屉稍重。盖面一幅松鹤图，沃悬地，高莳绘，间以付描。近岸草坡几簇灵芝，一株高树枝叶俊茂，对面溪岸曲折，草坡也有灵芝簇簇，两棵松树欹侧向水，水天之际和水流两侧夷然优游的仙鹤，与松树、灵芝，还有漆盒立墙卍字不到头之间的百寿字合作延龄万寿之祝颂。盒盖内里、盒身内底与外底同样都是浓梨地上的九蝠捧寿，不过外底图案金漆略有剥落。盒里一个浅屉，其表一幅松鹿图与盖面图案布局相同，惟将仙鹤易作梅花鹿，画框外缘一周蝙蝠团寿（图 18）。

---

1 《铜弦词》上，《忠雅堂集校笺》（邵海清校，李梦生笺），页 1864，上海古籍出版社一九九三年。

黑漆描金山水笔筒高22.8厘米，口径和底径均为21.2厘米。黑漆地，平莳绘，金粉莳晕水波烟岚山石。近景是山麓草坡树畔的茅亭和板屋，峭峰如笔，峰间松干挺秀，杂树含荣，天际一对飞雁。近岸芦汀草荡，水湾两叶泊舟，水浪推涌处船帆点点。远景山巅城阙，树掩楼观，江水无痕处映出天光山色（图19）。所谓“墨晕黝光零乱”，令诗人低回不已的“洋漆”之魅，大约即在此中。

明初朱元璋厉行海禁，不仅对内严禁百姓出海，对由海道入华的外国人也严格限制。撤销市舶司之后，允许从海道来朝贡的国家，仅有暹罗、真腊、占城、琉球。而琉球自洪武五年朱元璋遣使往赴以即位建元诏告，琉球中山王策度即遣其弟随同中国使者来朝，自此直到清光绪五年，宗藩关系维持了五百余年未曾中断（插图18-1～2）。琉球国固然是“恪守藩封，素称恭顺，重洋远隔，职贡维虔”（乾隆五十五年谕旨，嘉庆《钦定大清会典事例》卷三九四），明清两朝也均以“优加赏赉”为报。

19

日本黑漆描金山水笔筒

插图 18-1

《进贡船图》局部

冲绳县博物馆·美术馆藏

插图 18-2

《册封使行列图》局部

冲绳县博物馆·美术馆藏

黑漆螺钿是琉球漆艺中最具特色的一类，琉球制作的得天独厚之处在于有方便获取的优质贝壳，如鲍鱼贝、珍珠贝，而尤以斑斓陆离的夜光贝为最，青蓝、淡紫、鹦哥绿，闪烁变幻的色彩自使嵌在黑漆地子上的图案更见得莹光焕然。清代琉球国来朝贡献方物中多有黑漆螺钿盘、碗与攒盒，便是载录于清代档案的"螺钿器皿""嵌螺黑漆盘椀"，今集中收藏在故宫博物院，沈阳故宫

博物院（插图 19）和中国国家博物馆的同类藏品，也都是同出一源。黑漆螺钿盘多大器，纹样则取二龙戏珠。存留至今的三百余件虽是琉球国不同时期的贡物，但构图与工艺只是小有区别，变化并不很大。大都是盘沿四个开光，光内嵌饰杂取暗八仙、博古或杂宝中的四样，开光之间填嵌龟背纹锦地。盘心一颗宝珠，二龙俯仰上下，虽无怒涛喷涌，却是浪里转腾之势，黑地子上的几朵流云，又仿佛水与天接，双龙已入九霄拏月。薄螺钿与黑漆地结合紧密，毛雕纹路清晰，龙爪、流云等处填壳沙，黑漆光润，器表平滑如镜。杨明注《髹饰录》形容"饰器则华妍"的螺钿"天真光彩，如霞如锦"，但要有精湛的制作工艺方能彰显螺钿的如此之绚丽。馆藏这一件出自琉球工匠的黑漆螺钿二龙戏珠盘原为清宫旧藏，高 3.7、口径 34.4、足径 26.7 厘米（图 20）。

插图 19

清黑漆螺钿二龙戏珠盘

沈阳故宫博物院藏

20

清黑漆螺钿二龙戏珠盘

二、竹木牙角器

馆藏杂项文物中的竹木牙角器，大致包括家具小件如帽架、镜台，卫生用器如消息筒，娱戏用具如双陆、牙筹，又文玩摆件，日用杂器，或既可把玩又兼实用如香筒、香盒、蝈蝈笼之类。也有的除了质地之外，很难再以其他方式分类，比方说如意。总之这里多是古代生活史中使用历史很悠久的器具，虽然延用过程中名称或式样不无变化，但实用与艺术的合一，总是历代设计者与使用者的共同追求。

可以归入家具类者，有帽架、镜台、药柜。

冠架、帽架、帽筒，都是兴盛于清代，不过此前已经有了类似的器具。宋张师正《倦游杂录》“权顿幞头”条：“张逸密学知成都，善待僧。文鉴大师，蜀中民素所礼重。一日，文鉴谒张公，未及见。时华阳主簿张唐辅同候于客次，唐辅欲搔发，方脱乌巾，睥睨文鉴，罩于其首。文鉴大怒，喧呶。张公遽召，才就坐，即白曰：‘某与此官人素不相熟，适来辄将幞头罩某面上。’张公问其故，唐辅对曰：‘某方头痒，取下幞头，无处顿放，见大师头闲，遂且权顿少时，不意其怒也。’张公大笑而已。”所谓“密学知成都”，即张逸以枢密直学士为成都主政。张唐辅之幽默谐谑，似乎只留下了这样一个广为流传的故事，直到明清，笔记中仍见转录。不过当日取下幞头，究竟应该由何等器具承接，宋代实物留存至今者大约鲜见，倒是河北曲阳五代王处直墓东耳室东壁壁画中画出顿放幞头之物，便是与梳妆用具放在一起的一个架子，一柱独撑，下边是个丁字座，上承

插图20 五代王处直墓壁画（摹本）

插图22 清黑漆描金帽架 沈阳故宫博物院藏

插图21 帽架 大同金代阎德源墓出土

幞头[1]（插图20），虽然无法看到顶端式样如何，但参照张唐辅“权顿幞头”的行事，其状如圆颃，可以推知也。出自山西大同金代道士阎德源墓的一具帽架恰为实证：帽架系由尽端做成如意花头的两根杨木十字交合为底座，座上插接的两根竹条十字交叉合成一个圆拱，直径34、通高14厘米[2]（插图21）。架上原有一顶绒道冠，出土时已朽坏。

清代冠架也如同承置幞头和道冠的架子一般依照冠的样式而制，架顶如伞，或如球，如灯笼，中心一柱贯通，下承圆座（插图22）。馆藏嵌银镶玉红木帽架高31.7厘米，伞盖式的架顶镶一个白玉环，银丝嵌出六枚芭蕉叶，蕉叶之间嵌六朵海石榴，竹节式的独柱，节间分别以

1 河北省文物研究所等《五代王处直墓》，页24，图一一，文物出版社一九九八年。

2 大同市博物馆《大同金代阎德源墓发掘简报》，页3，图三，《文物》一九七八年第四期。

21 清嵌银镶玉红木帽架

22 清嵌银丝紫檀帽架

23 清紫檀帽架

插图23 故宫翠云馆西梢间陈设

银丝嵌饰如意云头、夔龙拐子和回纹，三种纹样并在圆座上再以银丝和白玉分层镶嵌（图21）。馆藏嵌银丝紫檀帽架与这一件造型与工艺都很相近，不过把伞盖式的架顶做成一朵菊花，高29.7厘米（图22）。紫檀帽架的架顶则为四合如意式，下接的四足撑以及架座都是借用了家具中香几类腿足的做法，高27.5厘米（图23）。

冠架在清代是起居室里的常设用器，宫廷如此，——如故宫博物院养心殿三希堂、翠云馆西梢间等处的复原陈列[1]（插图23），民

1 《故宫博物院藏文物珍品大系·明清家具》（朱家溍主编），下册，图二六三，上海科学技术出版社等二〇〇二年。

间亦然。文康《儿女英雄传》第四十回，道珍姑娘“见公子那头摘帽子，他便过去接帽子，掸帽子，架帽子，盖帽子”，正是很真实的生活细节，不过民间所用，以瓷帽筒为多。

铜镜照面，不妨手持，但若理妆，手持总多少有些不便，于是有镜架，有镜台。元关汉卿作《温太真玉镜台》杂剧，主人公假托提亲，实欲诳娶表妹，遂将“玉镜台权为定物”交给姑母[1]。玉镜台似未见实物，不过元代却有式样工艺俱佳的金花银镜架，如元末张士诚母曹氏墓出土的一件（插图 24），与镜架在一起的还有一枚妆盘和一具金花银奁，奁盒里放着粉盒、油缸、梳篦、抿刷、剪子等一应梳妆用具。明清时代镜台的制作更从家具中取式，如上置屏风，下设抽屉，且有尺寸不小的台面，不仅可设镜架，且有余裕放置妆具，“台”下有柜或有屉，也可容物。有此一具，梳妆之事尽备。不过精工细作的明清镜台存世并不是很多，故宫博物院藏明代黄花梨镜台是一例[2]（插图 25）。馆藏清黄花梨镜台通高 83、宽 36.5、长 51.3 厘米。台座后面置一个五扇小屏风，中间斜斜支一个镜架，台面一周望柱栏杆，下设四个抽屉，足间有壶门式牙板。屏风和栏杆都镶绦环板，分别镂雕缠枝卷草、缠枝莲花、祥云舞凤，栏杆望柱的仰覆莲座上戏毬的是雄狮，抚幼狮的是雌狮，屏风搭脑高挑出带着挟风撩云之势的凤头，正中央一朵祥云托宝珠（图 24）。

馆藏明万历黑漆描金药柜通高 94.1、长 78.9、宽 57 厘米（图 25）。造型取四面平亦即一封书的样式，下方三个明抽屉，打开柜门，两边各有一列十个抽屉，每屉分作三格，八十个三角形的抽屉层层环绕于柜子中间一个可以旋转的立轴，这是取了转轮经藏式做法。柜门和抽屉拉手以及四个腿足的包镶，都是黄铜件。柜门设两根腰串，

---

1 杂剧原依《世说新语·假谲》中的温峤娶妇故事改编，玉镜台也是原作中的定亲之物。

2 《故宫博物院藏文物珍品大系·明清家具》（朱家溍主编），上册，图二〇二，上海科学技术出版社等二〇一一年。按图版说明作“黄花梨龙凤纹五屏风式镜台”。

插图 24

镜与镜架

元末张士诚母曹氏墓出土

24

清黄花梨镜台

插图 25

明黄花梨镜台

故宫博物院藏

25

明万历黑漆描金药柜

明万历黑漆描金药柜（打开）

是格扇门的样式。两扇柜门与柜子两侧上下分别描金菱花式开光，光内黑漆地上是朵朵流云间转腾上下的二龙抢珠。其外四角细描毬路纹铺地，压地绘桃、石榴、柿子等折枝瑞果。柜门腰串以及边框并柜门以下的抽屉部分，壶门式开光里都是描金龙赶珠。腿足间的牙板描金流云，腿足正面描金海水，两侧四个菱花式开光，内里也是二龙抢珠，其外四角却是黑漆地上的折枝花：桃花、牡丹、山茶、芍药、菊花、西番莲，边框则依势绘作缠枝花。两扇柜门内里，又是四幅湖石花树，湖石玲珑透漏，花木顾盼便妍，几只图案化的舞蝶虽然尺寸不合比例，却也平添装饰意趣。每个三角形抽屉的迎面都是姿态同中有异的双龙，双龙相向处的黄铜拉手便足成戏珠之意。拉手上方泥金为药签，墨书药名。柜子背面也是上下两幅画图，下方湖石桃花山茶，上方松竹梅岁寒三友。松树顶端一行“大明万历年制”楷书款。整个柜子的金色花纹都是以黑漆描文理，即《髹饰录》所云“黑漆理”。药柜原为一对，各可置药一百四十种，系宫廷御药房所用。另一件今藏故宫博物院。

关于巧工巧匠的纪事，在明清时代大量进入士大夫的笔记，工匠的技艺和设计构思固然堪夸，但工匠所追求的造型和纹饰近于文人趣味也是一个重要因素，竹刻艺术即是突出的一项。此项工艺既不以材质贵，则必要力求工之巧，此外更有题材的选择，趋于雅，然而又要雅俗共赏才是最好。

竹刻兴盛于明清，笔筒的制作是大宗，与此近似者又有诗筒和香筒。王世襄《刻竹小言》引褚松窗《竹刻脞语》云：“截竹为筒，圆径一寸或七八分，高三寸余，置之案头或花下，分题斋中咏物零星诗稿，置之是中，谓之诗筒，明末清初最多。圆径相同，长七八寸者，用檀木作底盖，以铜作胆，刻山水人物，地镂空，置名香于内焚之，香气喷溢，置书案间或衾枕旁，补香篝之不足，名曰香筒。”《竹刻脞语》所云诗筒和香筒的大小之别或许是约略尺寸，不会是唯一的标准。一个大致的分别应是笔筒趋于矮壮，诗筒与香筒偏于细瘦，又香筒外表必镂空，内则置胆。明冯梦龙编《挂枝儿》中的“咏物”之部有题作“香筒”的两首，其一云：“香筒儿，我爱你玲珑剔透，一时间动了火其实难丢。煖温温，香喷喷，拢定双衣袖。只道心肠热，谁知有空头。少了些的温存也，就不着人的手。”其二云：“香筒儿，有一段湘妃的丰致。那一个妙人儿开动了你玉肌，眼儿漏洩了多少香和气。把两头儿拴住了，中间插一枝。到那火褪香残也，这一点热烘烘直到底。”此原是艳曲儿，意在以双关语讽咏情事，而于香筒的形容却最为周至。

香筒中的名品，自然首推上海宝山明朱守城夫妇墓所出朱小松款刘阮入天台香筒。王世襄《竹刻·此君经眼录》称它为“竹刻无上精品，第一重器”，“传世小松之作，构图之美，刀法之工，无一可与比拟”。馆藏一件竹雕五鬼闹判香筒，则是截取康熙年间刘璋所作讽刺小说《斩鬼传》第七回《对芳樽两人赏明月，献美酒五鬼闹钟馗》中的情节：一日县尹不在，钟馗只得在园中大松树下无聊闷坐，却见五个鬼役走来谎称是县令侍从，“霎时筛上酒，也不用小杯，竟是荷叶大杯奉上”，“登时把钟馗劝的酩酊大醉”，于是捣虚鬼和伶俐鬼脱靴，“得料鬼偷了宝剑，轻薄鬼盗了笏板，撩乔鬼爬上了树，伸下足来，竟将纱帽夹的去了”。香筒图案同样是把故事场景安排在竹木松石间，只是五鬼的作乱略有不同：戴了一对大耳环在山石上倒提靴的是伶俐鬼，钟馗身后抱着剑的是得料鬼，钟馗脚下的一个小鬼倒拎了一柄骨朵，树杈上的撩乔鬼正打算点炮仗，轻薄鬼站在树梢上捂着耳朵。香筒通高 21.9、口径 3.8 厘米（图 26）。

钟馗斩鬼之说最早出现在晋代的《太上洞渊神咒经》，而唐代斩鬼的钟馗已是一个家喻户晓的民间传说中人物，并且在玄宗朝进入宫廷，至沈括《梦溪笔谈·续笔谈》，钟馗故事以更加丰富的情节而变得完整。然而在宋人的记载中，钟馗的当值均在岁末，多半

26 清竹雕五鬼闹判香筒

是在跳钟馗的傩舞中领衔，又或作成画图悬于门户，如陆游《开岁》"绿襦新画卫门扉"。至清代，却又兼了端午，只是不大活跃于传统的驱鬼之傩，而是专在图画里用作祛邪镇恶。如前引《挂枝儿》所云，香筒本可纳于怀袖，《金瓶梅词话》第七十八回即说到正月元旦里"袖香桶儿，戴闹蛾儿"。而纹样取作钟馗故事，正月里使用便最为合宜。不过在刻意分判雅与俗的文人眼里，以此为饰当算作俗器，文震亨《长物志》卷七《器具》说"香筒"："或雕镂故事人物，便称俗品，亦不必置怀袖间。"

竹刻工艺中又有一种名文竹，即翻黄竹刻，又称贴黄、竹黄。毛竹锯作竹筒，去节、去青，惟存竹筒内壁约三毫米厚的黄色薄层，蒸煮软化，然后翻转压平，使它细腻光润，胶合又或镶嵌于木胎竹片，磨光后雕刻纹样。以竹黄之薄，通常以阴纹线刻为主，间采薄雕。竹黄工艺的流行虽推福建上杭引领风气，不过其他地区也不乏能工巧匠。清谢阶树《宜黄竹枝词》有云："竹器精工胜棘猴，剥青刨白费雕锼。应家几代传孙子，秘法单方不可求。"自注曰："神冈应氏某家者，织竹器最精。制竹之法，先斫青竹，用清水浸一日一夕，乃剥去竹外青皮，又刨去竹中白皮，惟中间一层青黄色者可用。其织簟席，能为鸟兽虫鱼花卉之形，极工巧坚致。又制文具什物亦工妙异常。予曾见一织字屏风，俱以竹为之，甚薄，而字之点画波磔之处，竟如摹搨，其妙如此。然应氏止以教其子孙，而不以教他人。故吾乡亦极为难得。他人虽效为之，而亦不能工也。"[1]依诗人之说，宜黄应氏制品当日在本地即已称难得，更不知是否传世，不过清代文竹巧工并且留存至今者尚有不少，清宫旧藏便有多件，馆藏清乾隆透雕文竹梅花式盒即是一例。此器造型取梅花，底有矮足，纹饰用贴黄。盖面中央依梅花五出之势镂作夔龙捧寿，其外环以回纹。侧墙五个开光，内里镂雕双夔龙。它可为陈设小件，也可贮香花、香料，透发香气。通高8.2、口径15.5、足径11.5厘米（图27）。馆藏文竹花卉扁壶构图清爽，很有笔墨点染之趣，一面露根水仙翠叶三五，花开一枝，左端疏荷半面，下方寥寥一丛秋海棠；一面兰花横逸，秋菊含霜，两侧铺首衔环。通高38.5、口径11.5、底径12厘米（图28）。

消息筒是存置耳挖和消息子的小筒，明代即已流行，不过多是纳以耳挖、挑牙和镊子，奢华者用金银制作。放在文具匣或拜帖匣里的剔牙杖也有的是装在小筒里边，嘉靖时严嵩倒台，抄没家产的单子里列出花梨木拜帖匣中的诸般清玩，其中便有"剔牙杖一副连牙筒"。清代似以木做的牙签使用最普遍，其中柳木更为常见，此在宫廷也不例外，如养心殿造办处档案雍正十年里的"木作"一项中即列有"柳

1　谢阶树，江西宜黄人，嘉庆十三年进士。王利器等《历代竹枝词》，册三，页1945，陕西人民出版社二〇〇三年。

27
清乾隆透雕文竹梅花式盒

28
清文竹花卉扁壶

木牙杖二千支”[1]。讲究者则有象牙，此便多作为佩件随身携带。同为雍正十年，前引档案载枪炮处制作小刀，刀底均束“铜规矩一，铜镊子一，方圆针二，象牙耳挖一，象牙牙杖一”。

牙签筒的式样在清代没有更多的创造，不过质地更为多样，比如用鳅角亦即海象牙制作。传世品中金银制作的似乎不很多见，竹制品却不乏秀巧可爱者，清徐康《前尘梦影录》提到“张希黄耳消息小筒一事，留青阳文，渔父携一钓竿，钓丝之末小鱼一尾，作拨刺形，极生动，腰间系一捕鱼筒，旁有句曰‘风约约，雨霏霏，无数蜻蜓立钓丝’。下署‘希黄子两’小印。通体去地阳文”[2]。剔牙与

1 朱家溍《养心殿造办处史料辑览》第一辑，页231，紫禁城出版社二〇〇三年。

2 徐康《前尘梦影录》，页213～214，中国美术学院出版社二〇〇〇年。

剔牙筒本来都是寻常用具，货郎担中自然也有它一席，清董棨摹方薰《太平欢乐图》之四十六所绘，即是一例，图中牙签筒与各式荷包挂在一起，虽是省极了的几笔，但上端有系，下垂流苏，都交代得很清楚[1]（插图 26）。旁有说明云："今村镇间有提筐售卖荷包、眼镜并毶梳、牙刷、剔齿签之类，琐细具备，号杂货篮。"毶梳是牛角梳，剔齿签自是装在悬挑在长竿上面的牙签筒里。日人中川忠英《清俗纪闻》卷二有图题作"消息筒"，又"爬耳朵"与"消息子"，正可视作《欢乐图》中此物的一幅特写[2]（插图 27-1）。

馆藏竹刻十八罗汉消息筒亦即牙签筒长 11.9、径 1.9 厘米，装饰题材乃取自当日竹刻中的流行纹样（图 29）。罗汉又称阿罗汉，依梵文音译而成，意指声闻乘修证的最高境界，至此果位者，诸漏已尽，永离轮回，得大解脱。依其意义，罗汉又可译作应真、应供等。中国民间信仰的有十六罗汉、十八罗汉及五百罗汉。有关他们的来历，有各种不同的说法。十六罗汉便是唐代玄奘译《法注记》中一一列举名称的十六尊者。十八罗汉则即十六罗汉之外再加上宾头卢和庆友，一说是迦叶和军徒钵叹。罗汉在一般人的心目中是一位善神，不但颇具神通，还兼有胸怀坦荡、不拘细节、孤高绝俗的本性。苏轼谪居海南时得五代前蜀画家张玄画十八大阿罗汉像，因作《十八大阿罗汉颂》，其后跋语有云，"轼家藏十六罗汉像，每设茶供，则化为白乳，或凝为雪花桃李芍药，仅可指名。或云罗汉慈悲深重，急于接物，故多现神变。倘其然乎？今于海南得此十八罗汉像，以授子由弟，使以时修敬，遇夫妇生日，辄设供以祈年集福"。"多现神变"以及奇崛古怪的胡貌梵相，正是中土画家笔下罗汉像的主要特征。竹刻罗汉消息筒构图也多有来自绘画的成分。降

1 《太平欢乐图》（许志浩编），页 92，学林出版社二〇〇三年。

2 中川忠英《清俗纪闻》卷二《居家》，东都书林堂宽政十一年（一七九九年）版。

插图 26

清《太平欢乐图·杂货篮》

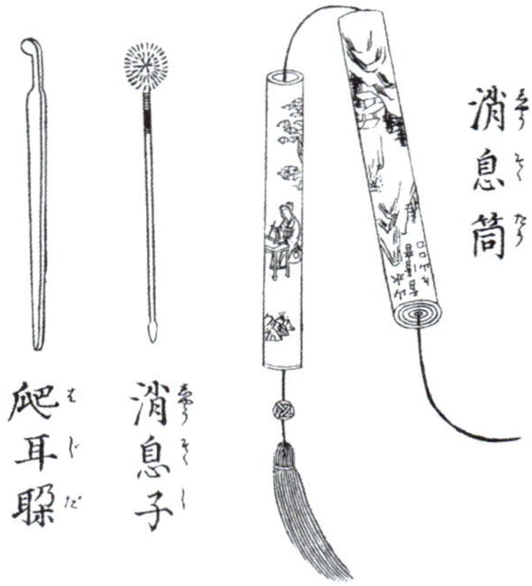

插图 27-1

《清俗纪闻》中的消息筒

29

清竹刻十八罗汉消息筒

龙、伏虎、抚狻猊、持如意、展经书、擎香炉、拈麈尾，负笠肩拐杖、扶膝而坐者，又击钹、击磬、敲木鱼、张臂、拊掌、合十、坦腹、托钵、捧壶者，俱以留青法出之。面目刻划极简，而意态姿容已足传其神。

中国范制葫芦的历史很悠久，不过虽曰可以远溯到战国，但可靠的实迹究竟难觅。据万历时人谢肇淛的记载，当日范制葫芦已见于市肆，不仅有方形，且有“突起成字为一首诗者”（《五杂组》卷十《物部二》），此系作者亲见，应属可信。而范制葫芦一事也有士人参与，黄宗羲《思旧录》“巢明盛”条说道：“巢明盛，字端明，嘉禾人。鼎革不离墓舍，种匏瓜用以制器。香炉瓶盒之类，款致精密，价等金玉，为《大匏赋》以见志。”这里的别寄家国之思且不论，所谓“香炉瓶盒之类，款致精密”，已可见范匏工艺之巧。后此数十年，这一项技艺更以进入清廷而兴盛发达。王世襄《中国葫芦》一书考证其事曰“清宫艺匏始自康熙朝，种植之地在禁苑丰泽园，由内监司其事”。至乾隆朝，经康熙赏玩的葫芦器以“形制浑朴，较金玉之品似转胜之”（高宗《御制诗五集》卷八《恭咏壶卢罐》）而尤惬帝心，因此钟爱逾前，制作亦多。吴士鉴《清宫词》记其事曰：“匏𤬪秋老结深青，笵合方圆各异形。款识精镌题御玩，瓬陶而外有新铭。”注云：“园籞旷地，遍植匏𤬪，当结实之初，斫木成笵，其形或为瓶，或为盘，或为盂，镌以文字及各种花纹，纳匏𤬪于其中。及成熟时，各随其笵之方圆大小，自为一器，奇丽精巧，能夺天工，款识隆起，宛若砖文。乾隆间所制者，尤为朴雅。此御府文房之绝品也。”又夏仁虎《清宫词》：“天才巧制变匏瓠，幅幅龙鸾山水图。植物也能遵造化，不教依样画葫芦。”其下注云：“圣祖尝出新意，制各样模范，罩未结成葫芦上，迨长成，花纹隐起，制以成器。今得其一，价尚兼金。”故宫博物院有寿康宫旧藏康熙款匏制漆里碗（插图 27-2），便是乾隆十六年十一月二十二日进呈皇太

插图27-2
康熙款匏制漆里碗
故宫博物院藏

30
乾隆赏玩六棱云寿纹瓶

后葫芦器十九件中的“锦英含瑞金花椀四件”（鄂尔泰等《国朝宫史》卷十八）之一。

馆藏匏器清六棱云寿纹瓶，高 24.5、径 15.6 厘米，外底心有“乾隆赏玩”款，六棱略向内凹，瓶颈部分以涌起的海浪和低垂之蕉叶，又口沿的一周回纹组合为装饰带。瓶腹以仰覆莲花和上下呼应的祥云妆点六个团寿字，仍不离颂祷之意（图 30）。

以匏器蓄养鸣虫，专为听它冬天里清音婉啭，风俗之盛，是在清代。顾禄《桐桥倚棹录》卷十一：“葫芦为笼虫之玩，从初结时在枝上即扶令端正，待其长大，然后剪下，以丝绳系之，悬风中候干，雕为万眼罗及花卉之属，中剜一窍，四旁或作四穴，各嵌象牙骨角玻璃为门，喜蓄秋虫之人笼虫于内，置怀间珍玩，俗呼叫哥哥笼。……顾莼《葫芦虫笼》诗云：秋风采采绿藤牵，掩口争将骨角镌。好向壶中藏世界，吟怀别自有虫天。”蒋士铨《铜弦词》卷下《沁园春·北方有虫名哥哥者戏咏》句云“聒聒哥哥，南北之人，语音不同”，“腹乃皤然，背尤盎尔，长脚还堪比相公”。“向壶

插图 28-1

《北京民间风俗百图·卖蝈蝈》

插图 28-2

清代俏色玛瑙鼻烟壶

辽宁省博物馆藏

腹藏身，请君入甕，瓜瓤作饷，为尔开笼”。“聒聒”，是北方人说话，即蝈蝈。蒋士铨生长于江西，乾隆二十二年进士，曾在京为官八年，此词大约作于乾隆二十九年南归之后[1]。清末成书的《北京民间风俗百图》中有《卖蝈蝈图》，图右说明云：“此中国卖蜗（蝈）蝈之图也。中国冬夏俱有蜗蝈。冬月有三种：黑紫色者名为山蜗蝈，乃山中向阳处生者；青色是嫩的；绿色者难得，乃系用蜗蝈子在暖处养成，人力为之，其价甚昂也。”图中画着卖蝈蝈的从怀里掏出蝈蝈笼来[2]（插图 28-1），正是杨米人《都门竹枝词》所咏“二哥不叫叫三哥，处处相逢把式多。忽地怀中轻作响，葫芦里面叫蝈蝈”[3]。辽宁省博物馆藏一件清代俏色玛瑙鼻烟壶，壶腹碾琢一个蝈蝈笼，下方一只青绿身子的蝈蝈，是用装饰图案记录下来的时风（插图 28-2）。

---

1 《忠雅堂集校笺》（邵海清校，李梦生笺），页 1923 ～ 1924，上海古籍出版社一九九三年。

2 《北京民间风俗百图》，页 12，书目文献出版社一九八三年。

3 雷梦水等《中华竹枝词》册一，页 106，北京古籍出版社一九九七年。

蝈蝈笼以葫芦范制成器之后，其表尚有几种不同的装饰方法，便是火画，押花，针划，刀刻。关于押花葫芦，王世襄《中国葫芦》一书专辟一节细述其详，略云：“押花葫芦者，取质坚而润之物体，如玛瑙、玉、象牙、牛角等，磨成钝刃，押、研、挤、按葫芦表面，使呈现有如浮雕之花纹。”“押宜施之于葫芦，因其皮韧质疏，受按押自然下陷，故借运刃之轻重，可生高低起伏，凹凸阴阳，有如画图。”馆藏清押花湖石花木葫芦口径七厘米，高 12.2 厘米，木口，槟榔瓢亦即椰子壳镂雕山水蒙心，肚、腰、翻，三停匀称，按照《中国葫芦》的分类，此为油胡鲁葫芦，不过里面有一个铜丝簧，而油胡鲁葫芦通常无此装置（图 31–1）。又一件清押花云龙油胡鲁葫芦，口径七厘米，高 12 厘米，象牙口，染绿牙镂雕荷叶莲花蒙心（图 31–2）。

31-1

清押花湖石花木油胡鲁葫芦

清押花湖石花木油胡鲁葫芦蒙心

31-2

清押花云龙油胡鲁葫芦

清押花云龙油胡鲁葫芦蒙心

上古时代的中国是有犀牛的，其时用犀牛皮制甲，称犀甲，犀牛角制为酒器，名兕觥。不过秦汉以后，西南地区之外，北方犀牛已经鲜见，至唐代而更成珍稀。然而犀角制器的古老传统却不曾中断，本土罕见，则取于域外，自苏门答腊经由广州进口犀角的路线，大约汉代即已开通。南宋张世南《游宦纪闻》道当世犀角皆出自“诸蕃宝货所聚处”，广州蕃舶即其一。明清时代，蕃舶载至的犀角数量就更多，这一时期犀器制作的兴盛自是以此为重要条件，虽然唐代有犀杯，两宋有犀带銙，但犀雕工艺的发达究竟要推明清。明钱希言《狯园》卷十六《雕工》一则说道：吴中雕工凡数十家，今有顾师云之子小顾，沈其材之子宗彝，“两人并有巧思，皆名工也。其所刻檀梨、乌木、象齿、犀角以为卮盂罂缶诸器，备极精巧，有得心应手之妙”，“又用文犀雕百花篮为酒杯，种种花草具备，工致尤极”。吴中之外尚有漳州，所谓“货物通行旅，赀财聚富商。雕镂犀角巧，磨洗象牙光”，乃明季的海澄（今漳州）景象。

明清犀角制品多为犀杯，一方面它与审美趣味相关，如李渔《闲情偶寄》卷四《器玩部》道，宴集设酒具，金银器并非佳选，“富贵之家，犀则不妨常设，以其在珍宝之列而无炫耀之形”，“且美酒入犀杯，另是一种香气”。另一方面它与犀角的样态相关。天然犀角形若倒扣的一朵牵牛花，“花”根部分呈蜂窝状，绽放的“花”部中空，依形制器，做成“浅浅柔黄轻蜡透”的花叶杯，自然最为讨巧。制作既多，便也有了若干程式化的造型：犀角尖细之部镂作拗卷的花茎为杯托，开阔之部为花杯。当然也不乏构思尖新之例，如牛津大学博物馆藏品中的一件，它是红衣半卸的一枝半边莲，花心抱定子房饱满的莲蓬，于是莲瓣为杯，莲蓬为柄，拗卷花茎托起杯身，化凋零为生意，成就了莲杯中最为别致的一只（插图29-1）。山东博物馆藏荷叶犀角杯也是迎风采自荷塘的一茎，因为折取得急而带起莲花和莲蓬，还有不及闪避的鱼和龟。而注酒

插图29-1
莲花犀杯
牛津大学博物馆藏

插图29-2
荷叶犀角杯
山东博物馆藏

其中，则又宛然莲塘荷风里的一枝青翠（插图29-2）。

花叶杯之外，犀角杯另外两类最常见的造型便是教子升天和张骞泛槎，二者都各有远源和近缘。仙人乘槎植根于张骞探河源的传说，却又糅合了来源不同的其他故事，即《史记》与《汉书》的张骞出使大夏而穷河源，又西晋张华《博物志》海岛居人由海渚达天河得遇织女，后又添助得获支机石一枚的情节，以是成为一个自在仙的形象。南北朝以来直到明清，它便始终活跃在诗文中而成为传承久远的意象，虽然在不同的诗境里有着不同的寄意，但从容遨游天地间的基本内涵几乎是不变的。元朱碧山制银槎杯可推为同题作品之最，乘槎者却是移用了太乙真人莲叶舟的图式把手里的支机石

插图 30
"天成"款犀角雕仙人乘槎杯
上海博物馆藏

32
清仙人乘槎犀角杯

换作书卷，而为明清制品纷纷仿效。其实这时候的乘槎人究竟为谁已经不很明确，如上海博物馆藏明"天成"款犀角雕仙人乘槎杯，故宫博物院藏"尤通"款犀角雕仙人乘槎杯。"天成"款者，乘槎仙人一手持浮尘，一手执书卷（插图 30）。馆藏一件清仙人乘槎犀角杯高 10.3、长 25.4 厘米，样式与上海博物馆藏品很接近，犀杯因材施雕，顺犀角之势而成一具仙槎，犀角纹理浅深细密恍若水纹，牡丹桃花结作舟篷，仙人手拈一柄拂尘斜倚花枝，槎身的宽敞处为杯，旁侧有圆洞与槎端的吸孔相通（图 32）。虽然它依旧保存了酒杯的形式，其实已成案头清玩，而不再是实用之具。

作为装饰纹样，教子升天最初大约是用于玉杯。清姜绍书《韵石斋笔谈》卷上有一则纪事，题作"宣和玉盃记"。关于玉盃样式，作者道："宋宣和御府所藏玉盃三，其一内外莹洁，绝无纤瑕，盃口耸出螭头，小螭乘云而起，夭矫如生，名教子升天，真神物也。二名八面玲珑。三则单螭作把，外多花纹，钩碾精工，莹白过于教子，

插图31
白玉教子升天杯
故宫博物院藏

33
清教子升天犀角杯

而神彩稍逊。”纪事中的玉杯虽已不存，但同此类型者仍有传世品，如《中国玉器全集》著录故宫收藏的一件宋代玉杯[1]（插图31），宣和玉杯之一的单螭把杯，所谓“外多花纹，钩碾精工”，此杯庶几近之。

如同各式花杯依犀角样态而成型，教子升天也是依犀角之势制成敞口细腰的样式。馆藏清教子升天犀角杯一件，高9.8、最宽处9.4厘米，外壁四层装饰带俱施仿古纹，细腰处是兽面或曰饕餮纹，约略外翻的细窄口沿一周回纹，口衔花枝的螭虎弓腰伸颈攀援在杯口，长尾抵住杯身，遂成杯柄（图33）。

打双陆，斗叶子，投壶，蹴鞠，饮酒行令，都是明代常见的游戏，其中投壶一事渊源最古，双陆兴起的时代也不晚，只是至清代已经衰歇。

一般认为双陆原创自古印度，本名波罗塞戏，后秦释道朗译《涅

1 杨伯达《中国玉器全集·5》，页66，图版一〇七，河北美术出版社一九九三年。按图版说明称作“白玉夔龙柄葵花式盌”。

槃经》有云“樗蒲、围棋、波罗塞戏……一切戏笑，悉不观作”，原属佛门应禁之戏。然而双陆入传中土之后，却是在一千多年里经历了不少戏剧性的演变。宋德金《双陆与民族文化的交流和融合》一文总结明以前的流传过程道：双陆自三世纪曹魏时传入中国，“到南北朝时已在上层统治者中传播开来，被视之为‘胡戏’。唐朝时有许多‘胡俗’和外国文化传入中原，更是双陆盛行的时期。双陆在流行过程中，人们对它做了一些变动和改进，使之更加适应时人的趣味和要求，更为本土化。唐五代时期，双陆已逐渐融合于中国传统文化之中。两宋时期，双陆继续流行。在与两宋同时的辽国和金国，双陆被视为汉文化的象征而受到爱好者的青睐或反对者的抨击和限制。及至金末元初，在人们的心目中，双陆不惟是汉族文化的象征，‘会双陆’已作为品评‘天下’士人‘风流’的标准之一，成了域内各族士人所应具备的文化素质和修养”。并且又从“佛门‘悉不观作’的应禁之戏，到元杂剧中成为和尚点化俗人的手段”[1]。新疆吐鲁番阿斯塔那唐墓出土嵌螺钿木双陆局，辽宁法库叶茂台辽墓出土双陆局、黑白各半的双陆子三十枚并用于“视彩行马”的两个骰子，又元至顺本《事林广记》中的打双陆图，都是双陆史的印证。

此戏在明代依然流行，江阴明夏颧墓出土双陆子三十枚[2]（插图 32），故宫博物院藏明染牙刻花双陆子黑红各一枚[3]，还有一件明清之际的紫檀双陆局[4]。馆藏明象牙雕山水人物双陆子一对造型也是捣衣杵式，高 10.4 厘米，浅刻山水人物，颇有渴笔焦墨之意趣（图 34）。打双陆不

1 宋德金《双陆与民族文化的交流和融合》，页 43，《历史研究》二〇〇三年第二期。

2 江阴县博物馆《江阴县出土的明代医疗器具》，页 43，图一五，《文物》一九七七年第二期

3 朱家溍等《中国美术全集·工艺美术编·竹木牙角器》，图九一，文物出版社一九八七年。

4 陈增弼《双陆》，页 81，《文物》一九八二年第四期。

插图 32

双陆子

江苏江阴明夏顴墓出土

34

明象牙雕山水人物双陆子

插图 33-1

《汉宫春晓图》中的打双陆

辽宁省博物馆藏

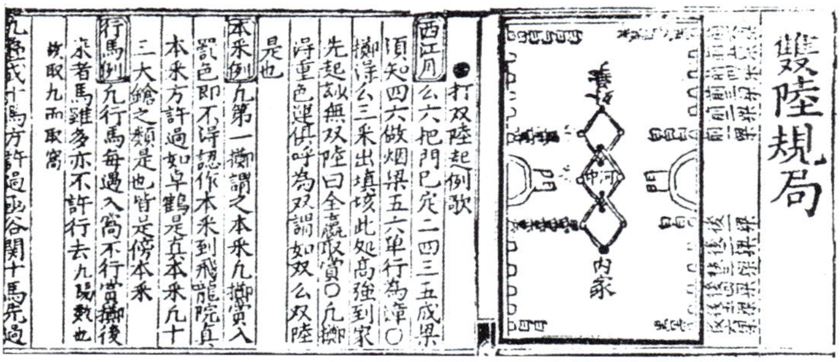

雙陸規局

打双陸起例歌
西江月 么六把門巳定二四三五成梁
須知四六做烟梁五六单行為障○
擲得么三采出填塡此処高強到家
先起故無双陸曰全赢取賞○凡擲
得重色進俱呼為双謂如双么双陸
是也
本采例 凡第一擲謂之本采凡擲賞入
罰色即不得認作本采到飛龍院真
本采方許過如阜鶴是真本采凡十
三大餘之類是也皆是傍本采
行馬例 凡行馬每過入窩不行當擲後
采者馬雖多亦不許行去九陽數也
散取九而取窩

插图 33-2

《文林聚宝万卷星罗》中的

双陆规局

仅是小说戏曲中的情节，也在绘画里表现闺秀生活，如辽宁省博物馆藏一幅约当晚明的《汉宫春晓图》（插图 33-1）。明代通俗类书《文林聚宝万卷星罗》卷十七录有双陆规局（插图 33-2）。双陆的衰歇是在清代，行棋法也随之失传。清李汝珍《镜花缘》第七十四回写群芳会聚时的各种游戏尚言及双陆，虽然描绘不及其他诸戏详尽，只是“打双陆嘉言述前贤”，不过掌红珠问道“当日双陆不知为何要用三骰”，前举《汉宫春晓图》中的双陆局上，正是三个骰子。

关于牙筹，清顾禄《桐桥倚棹录》卷十一有一节专道此事：“牙筹，即酒筹也，亦有以骨为之者，可以乱真。摘《西厢》词句镌于上，有张生访莺莺之戏，又有三藏取经、许宣寻妇等名色。筹置筒中，团坐分掣。照筹上所刻仪注而行，乃饮中济胜之具。有以天地人和为筹，长短不齐，俗呼筹码，此为博局纪胜负之物。竹牌，出于北寺骆驼桥，虎邱人加琢磨之功，而后售于人，其值遂昂，谓之水磨牌。今塘岸山街有十余店，兼卖各色骨牙簪、骨牙饰及消息、耳挖、骨牙杖，骨牙骰、骨牙牌、竹煤筒之属。蒋赓壎《酒筹》诗云：谁见西厢识面来，取经访妇更疑猜。酒人灯下团栾坐，笑当花枝斗几回。”牙筹一事，在顾氏笔下乃声情宛然的一幅姑苏风俗图，却又远不止姑苏，而是可以展绘于南北。所云“许宣寻妇”，当指白蛇故事。

馆藏清象牙《西厢记》酒筹连刻花牙筒两件，其一牙筒口径五厘米，通高 9.7 厘米，其表为桃花春燕图，内里酒筹一副凡二十五根，酒筹造型仿自栏杆望柱，一面即《酒筹》诗所云为《西厢记》中的唱词，一面是与唱词相应的饮酒方式。比如“齐齐整整”，出自第三出《墙角联吟》，原作“等待那齐齐整整，袅袅婷婷，姐姐莺莺”，背面便取了“齐齐整整”的意思，规定饮酒方式是“新衣一杯”。“一天星斗焕文章”，是同一出里莺莺的唱词，于是依了此意令“善诗文一杯”。“春心荡”，出自第二出《僧房假遇》，原作“夫人怕女孩儿春心荡”，因谐此意而令“新婚三杯”。又比如第十五出《长亭送别》“晓来谁染霜林醉，总是离人泪”，酒筹便取了“谁染霜林醉”，用“误读”的办法制为酒令，令“面红一杯”（图 35-1）。酒筹连刻花牙筒之二，牙筒通高 14.8、口径 6.6 厘米，内置酒筹一副凡一百单八根，上下平

35-1

清象牙《西厢记》酒筹连刻花牙筒

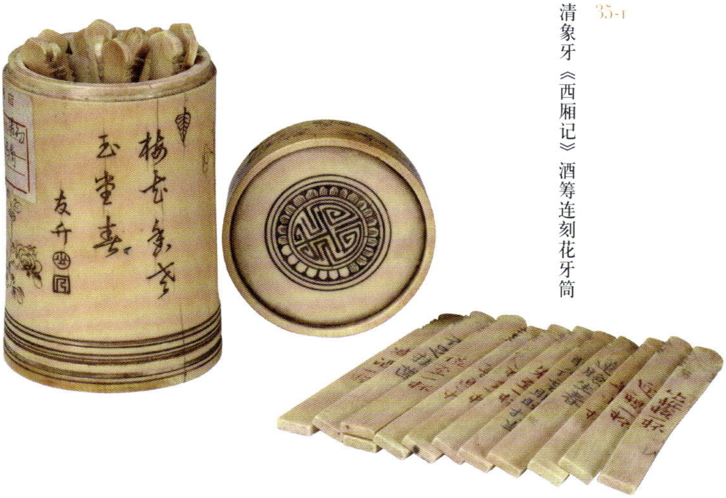

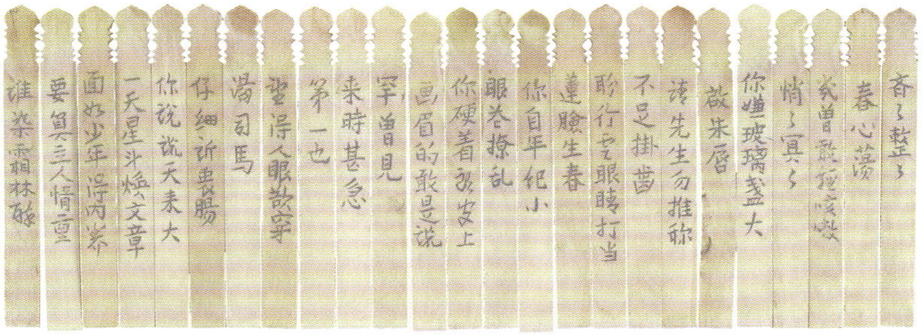

清象牙《西厢记》酒筹（正面）

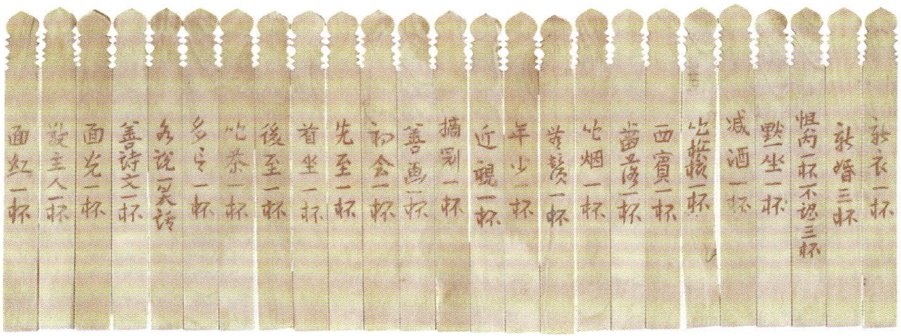

清象牙《西厢记》酒筹（背面）

35-2 清象牙《西厢记》酒筹连刻花牙筒

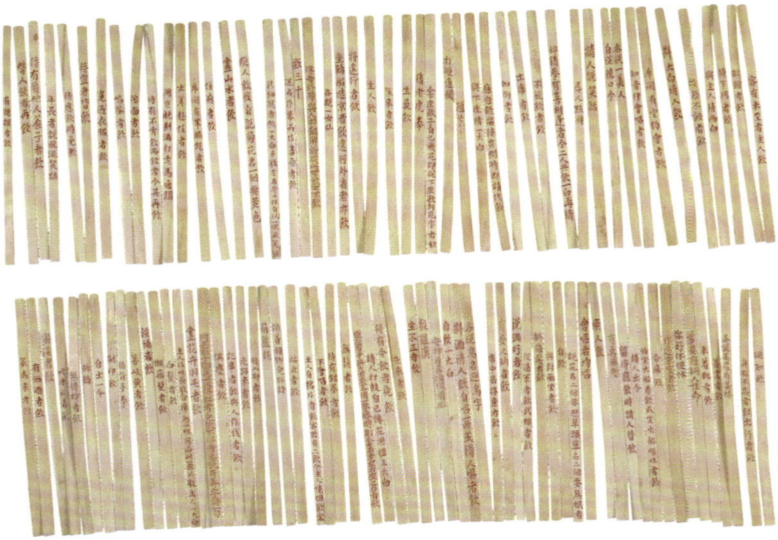

清象牙《西厢记》酒筹（正面）

直的细长签子，编令形式与前件相同。比如一面摘自第一出《佛殿奇逢》的“这般可喜娘儿罕曾见”，背面则规定“各说一美人”；一面摘自第三出《墙角联吟》“语句又轻，音律又清”，背面说规矩曰“知音律会唱者饮”（图 35-2）。凡此种种，都是“古已有之”的传统做法。江苏镇江丹徒丁卯桥唐代金银器窖藏中有银鎏金龟负“论语玉烛”筹筒亦即笼台一具，笼台中置酒筹五十枚，它用了“误读”的

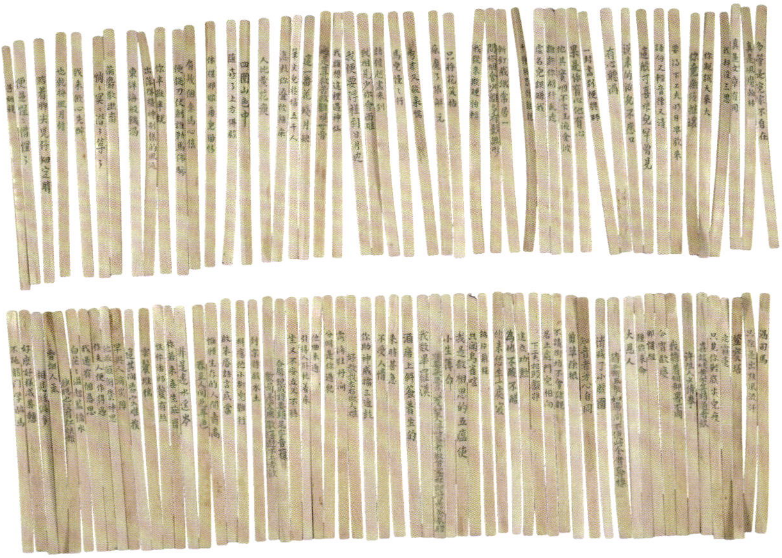

清象牙《西厢记》酒筹（背面）

插图34 镇江丹徒丁卯桥唐代金银器窖藏中的酒筹

办法把《论语》编排为饮酒的秩序亦即律令，饮与不饮、劝与被劝、饮多饮少，均依律令所规定的“饮、劝、处、放”四种情况而行事，而分别以五分、七分、十分、四十分为依令饮酒之章程[1]（插图34）。如“一箪食一瓢饮，自酌五分”，“君子之居何漏（陋）之有，自饮七分”，

1 镇江博物馆《镇江出土金银器》，页20，文物出版社二〇一二年。

"四海之内皆为兄弟，任劝十分"，"择其善者而从之，大器四十分"，等等。《红楼梦》第六十三回怡红院里"群芳夜宴"一节，道"晴雯拿了一个竹雕的签筒来，里面装着象牙花名签子，摇了一摇，放在当中。又取过骰子来，盛在盒内，摇了一摇，揭开一看，里面是五点，数至宝钗"。于是宝钗"将筒摇了一摇，伸手掣出一根，大家一看，只见签上画着一支牡丹，题着'艳冠群芳'四字，下面又有镌的小字一句唐诗，道是'任是无情也动人'，又注着：'在席共贺一杯，此为群芳之冠，随意命人，不拘诗词雅谑，道一则以侑酒。'"巧借酒宴中通常的娱戏，曹公写出夜宴中的人和人的运命，不过作者却不知道，后来者又把《红楼梦》故事也做成酒筹，继续搬演新的故事，如泸州博物馆收藏的一副象牙酒筹连筒（插图 35）。

谢肇淛《五杂组》卷六《人部二》说投壶曰："投壶视诸戏最古雅，郭舍人投壶激矢令反，谓之'骁'，一矢至百馀骁。……今之投壶名最多，有春睡、听琴、倒插、卷帘、雁衔芦、翻蝴蝶等项，不

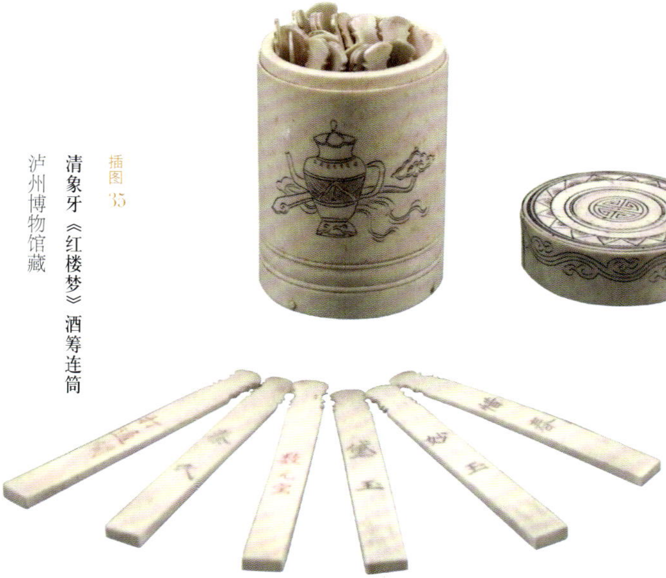

插图 35
清象牙《红楼梦》酒筹连筒
泸州博物馆藏

下三十馀种。惟习之之至熟，自可心手相应。大率急则反，缓则斜，过急则倒，过缓则睡。又有天壶高八尺馀，宾主坐地上，仰投之。西北士夫多习此戏。”郭舍人是汉武帝时宫中倡优，他的善投壶，见《西京杂记》卷五中的纪事。明《三才图会·人事》之十载录投壶图二十幅。明代通俗类书《文林聚宝万卷星罗》卷十七录《投壶新谱》，具列诸势并附插图，如“及地登科势”，图下注云：“二人对坐，每人手执三箭，离座三尺，将箭重投于地，再跳入壶，箭头向上，凡三次者为上。”图文对看，可大致会意（插图 36-1）。故宫博物院藏《朱瞻基行乐图》中，投壶也是九五之尊的“行乐”之一（插图 36-2）。清

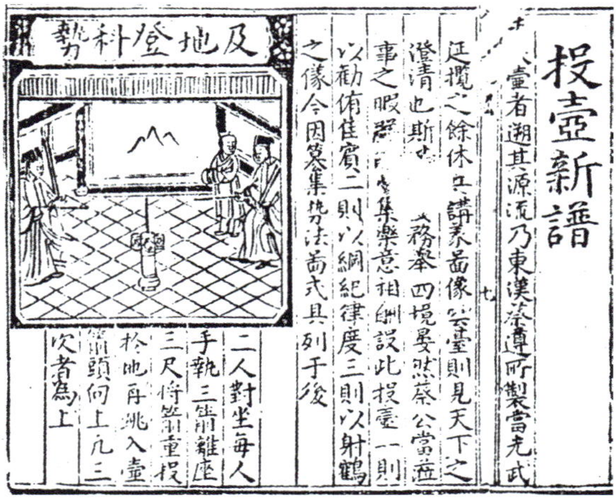
投壺新譜
壺者溯其源流乃東漢祭遵所製當光武
延攬之餘休兵講藝畫像云壺則見天下之
澄清也斯也 務奉四境晏然蔡公當涖
事之暇輒[illegible]集樂意相與設此投壺一則
以勸侑佳賓二則以綱紀律度三則以射鶴
之儀今因纂集勢法畫式具列于後
及地登科勢
二人對坐每人手執三箭離座三尺將箭重投於地再跳入壺箭頭向上凡三次者為上

插图 36-1 《文林聚宝万卷星罗》中的《投壶新谱》

插图 36-2 《朱瞻基行乐图》局部 故宫博物院藏

代此戏不衰，李汝珍《镜花缘》描写群芳中林婉如等八人的投壶之戏——林婉如道："俺们才投几个式子，都觉费事，莫若还把前日在公主那边投的几个旧套子再投一回，岂不省事。……俺说个容易的，好活活准头，就是'朝天一炷香'罢。"众人挨次投过，也有投上的，也有投不上的。邹婉春道："我是'苏秦背剑'。"米兰芬道："我是'姜太公钓鱼'。"闵兰荪道："我是'张果老倒骑驴'。"……众人都照著式子投了。紫芝走来，两手撮了一捆箭，朝壶中一投道："我是'乱劈柴'。"逗的众人好笑。清宫旧藏喻兰《仕女清娱图册》中绘有闺阁投壶之戏。

馆藏中的一件明铜投壶，通高 49.5、足径 16、腹径 24、口部最宽处 21 厘米，是典型的投壶式样：直颈，鼓腹，贯耳。壶口和一对贯耳回纹地上饰饕餮，直颈上伏一只螭虎，鼓腹满布卍字方胜，其上以瑞兽与铺首式兽头相间，下垂一周蕉叶，圈足环以回纹（图 36）。

36 明铜投壶

状元筹的游戏，在清代最为盛行。或牙或骨，或竹或木做成筹，筹上排列科举功名，用六颗骰子掷彩，以定得注多寡。不过游戏规则并不完全相同。一种是状元为最，得六十四注，探花为四十八注，进士二十四注，以下各色名目依次递减，童生为末，一注。最后计算筹子以分胜负。清顾禄《清嘉录》卷一“状元筹”一节记此戏曰：“取科目名色制筹为局戏，岁夕聚博，以六骰掷之，得状元者为胜，取及第争先之谶，谓之状元筹。有无名氏《状元筹》乐府云：‘升官图里夸捷径，科甲丛中更争胜。献岁惊闻笑口开……安用六经廿一史。一筹莫展者谁子，那不呼卢喝为雉。’又郭麐有诗云：‘屠苏饮后明灯灿，夜永宵寒人意倦。长筵试展红氍毹，男女分曹卜如愿。牙筹一握长短排，上有细字书官阶。玲珑骰子数用六，纷纷五色迷人目。就中状元贵无比，入手争看色为喜。无心一掷竟全红，失意终朝或三褫……’”。“吴瀫人祭酒《新年杂咏》小序云：‘状元筹，绯绿兼行，赢输计箸，闺阁中为消闲之戏。’”以状元筹争胜固以元夕为盛，不过平日里也不妨以此遣闷。《镜花缘》第七十六回写群媛嬉游，也说到它——史幽探道：“我们才在菊花岩抢了一回状元筹，此时要到莲花塘听听亚兰姐姐笛子去。”紫芝道：“状元筹又不费心，倒也好顽，为何半途而废？”兰芝道：“只因幽探姐姐五红得了状元，正自欢喜，谁知不巧，我又掷了六红夺了过来，因此幽探姐姐不高兴，把状元筹歇了。”由小说家笔下，颇可见女儿之态。馆藏红木状元筹一副，凡一百五十二枝，“状元”一枝尺寸最著：长 20.5、宽 5.2 厘米；“童生”一枝最短小：长 10.3、宽 1.5 厘米，正是“绯绿兼行”（图 37），形制亦如郭麐诗所云“牙筹一握长短排，上有细字书官阶”。晚清吴友如绘《海上百艳图》，其中的《妙手抢元》一幅，便是圆桌前四美玩状元筹的情景（插图 37），张春华《沪城岁事衢歌》也正有一首咏其事：“不教黑白斗松楸，豪兴呼卢互

37
清红木状元筹

插图37
《海上百艳图·妙手抢元》

插图38
清牙雕群仙祝寿塔
故宫博物院藏

结俦。蓦地六红齐入手，锦标夺得状元筹。”[1]

关于十六、十七世纪中国象牙工艺的蓬勃发展，蔡玫芬曾谈到其中的一个重要原因是西方在从事亚洲海上贸易的过程中对象牙的获取和运销，数量之巨，乃至超过市场需求，竟至已无太多利益可图。正是在象牙货源如此充足且价格低廉的背景下，中国工匠才有可能大量创制象牙作品[2]。至于消费的一方，宫廷需求自然是大宗，此外地方官员进奉象牙制品为帝后祝寿，数量也很可观，如故宫博物院藏一件大型牙雕群仙祝寿塔（插图38），牙雕塔系广东象牙作坊雕制，分片包装，运至宫廷造办处，再行组装。

1 雷梦水等《中华竹枝词》，册二，页1037，北京古籍出版社一九九七年。

2 蔡玫芬《港埠的工艺：关于明末清初漳州工艺品二三事》，页56～57，《中国海洋发展史论文集》第九辑，台北“中研院”人文社会科学研究中心二〇〇五年。

38
清象牙雕龙舟

馆藏清象牙雕龙舟长 98、宽 35、高 63 厘米，原系清宫旧藏。从式样说，也可称作画舫。牙雕的做工、风格、细节处理如群仙的服饰纹样、小猴跪献寿桃，等等，均与前举牙雕群仙祝寿塔十分接近，或可认为是出自同时同地的制作。画舫三层，下面一层前边列着八仙。船头六仙：张果老抱着渔鼓简子，曹国舅持拍板，吕洞宾负剑，韩湘子持笛，何仙姑高擎一枝荷花，手拿拂尘的蓝采和头顶花篮；船舱里是铁拐李与汉钟离。第二层头里站着福禄寿三星。后边排着两溜万年青和手持拍板、云锣与笙、笛的一队女乐。船舱里是一身盛妆的老太太，两旁侍女持打扇，舱门外跪着一只头顶寿桃的小猴。顶层的华盖与彩幡之间是一对相风鸟。两侧摇桨童子凡十八，龙尾摇橹的是船娘（图 38）。

骑象运送舍利的图像，在约当公元前二世纪建造的巴尔胡特大

清象牙雕龙舟（局部）

塔浮雕中已经出现，或布置在角柱的正侧两面，或是栏楯顶部的笠石之侧面（插图 39-1）。而这一图式，在公元一世纪前后建造的桑奇大塔以及桑奇之后的佛教艺术中尚继续沿用（插图 39-2）。精好之例，馆

插图 39-1

运送舍利　巴尔胡特大塔浮雕

插图 39-2

八分舍利　桑奇大塔南门背面第三横梁右

藏出自榆林窟的这一件牙雕龛像，可以称最。它与广为流行的携带式檀龛当属同一类，只不过制作材料用了象牙。“初唐四杰”之一的卢照邻有《相乐夫人檀龛赞并序》，所谓“敬造零龛，奉图真相。青莲皓月，争华蚊睫之端；宝树天花，竞爽鸿毛之际。纳须弥于纤芥，尝谓徒言；置由旬于方丈，今过其寔”云云，是体量小而图像精细为此类龛像特色也。苏州虎丘云岩寺塔发现的檀龛宝相，宽 6.3、连座高 19.3 厘米，莲花座上是可以启闭的一个三连式佛龛，龛缘上下各有方便穿系的小孔以为佩带[1]。馆藏这一件象牙龛像则是对开的两片，中以一枚合页相连，因得开合之便。打开来，每片内里各有二十七个小格，每个小格各雕一个佛传故事；合起来，则两面各成一幅相同的骑象运送舍利图。除舍利容器由盒变成了塔，其他构图因素多与早期相类。高 15.8、宽 7.5、厚 3.9 厘米（图 39）。牙雕龛像的时代一说约当七八世纪至十一世纪，一说在六至八世纪[2]。似以后说为是。

牙雕龛像未入藏之前，尚有一番曲折的经历。本世纪初笔者往榆林窟考察，见大佛窟殿前门楣上方贴有末署“光绪三十一年六月”的一张墨书功德榜，正是记述这一件牙雕龛像在当地即安西县踏实堡一带的流传始末（插图 40）。略云：此像原系某僧获于石洞积沙中，自此显世，远近凡有水旱疾疫，求则必应，以是踏实乡民多获丰年。同治初年，因踏实一带遭逢变乱而造像失踪，乱平，虽经寻得，复又失去，嗣后再四访询，几经周折，终得复归。民国时期，造像又险遭西北军阀马步芳部劫掠，赖道士郭言恒舍命护持，方幸免于难。一九五九年入藏本馆。

1 苏州博物馆《苏州博物馆藏虎丘云岩寺塔、瑞光寺塔文物》，页 55，文物出版社二〇〇六年。

2 阎文儒《谈象牙造像》，页 81 ～ 84，《文物参考资料》一九五五年第十期；梁丰《“牙雕佛传造像”的释读及其他》，页 120 ～ 127，《中国历史博物馆馆刊》一九九九年第一期。后说并认为它是中亚、西域的作品。

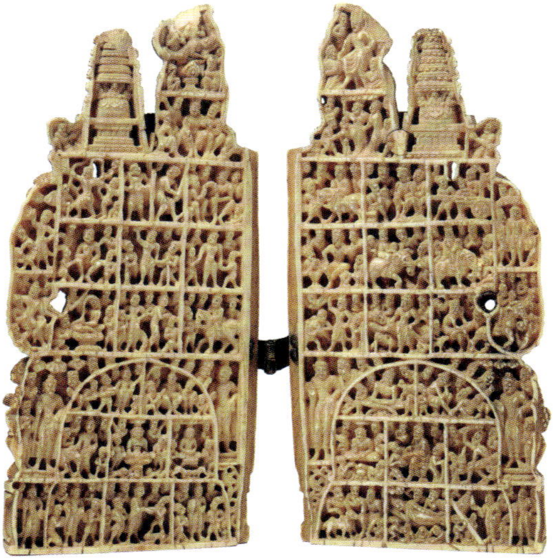

39

牙雕龛像（打开）

牙雕龛像（合拢）

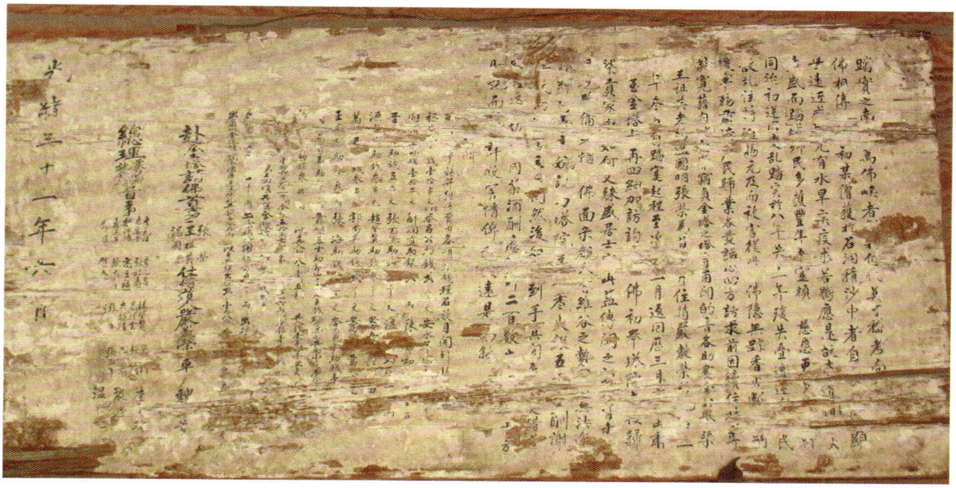

插图 40

墨书功德榜

柄香炉是行香亦即手持香炉巡行之用器，南北朝时期已多见于佛教艺术，如巩县石窟中的帝妃礼佛图（插图 41）。它的早期样式通常是柄端成鹊尾式，因也称作鹊尾炉。以后又将宝子即盛放香料的容器添置于香炉柄，炉为象生莲花，宝子便为象生莲蓬，手柄则成莲茎。内蒙古赤峰宁城埋王沟辽墓出土一柄银香炉，以俯偃的一片荷叶作底，亭亭秀出的一茎莲花作炉，侧出的一枝作宝子，三枝结为一束，作成香炉的鹊尾柄，惟香宝子失盖（插图 42）。《清异录·器具》“玉太古”条曰南唐焚香之器有“把子莲”，应即这一类样式。元代线香逐渐流行，不过柄香炉的使用仍在延续，山西繁峙公主寺明代壁画中的行香，便依然是传统方式（插图 43），当然此类壁画或不乏承袭旧有图式的成分。馆藏这一件清金漆柄香炉高 8.5、长 27.5 厘米，它也可以看作是把子莲的造型，柄端收束处尚略存鹊尾旧式，却是作成密叶娇花的一束芙蓉。顶端一朵大花的中心孔洞里设了一个细管用来插线香，花茎上裹着仿真的丝帛，中腰结系的一根金线也可见质感（图 40）。

插图 41

巩县石窟帝妃礼佛图局部

插图 42

银香炉

内蒙古赤峰宁城埋王沟辽墓出土

40

清金漆柄香炉

插图 43

山西繁峙公主寺明代壁画

关于如意的发展演变史，白化文《试释如意》一文阐发至为详尽。大略言之，如意有两种样式，其一爪杖式，其一云头式。前者，今所知最早的实物是曲阜鲁国故城出土一件东周牙雕爪杖。后者的出现，大约在五代，即佛教艺术中文殊菩萨手持如意的图像出现之前后。从此二物分作两途，爪杖式为痒和子，云头式则成为吉祥物[1]。清代是“如意呈祥”的极盛时期，宫廷中专供颁赐、馈赠、典礼之用，逢年过节王公大臣呈进如意，取兆吉祥，婚嫁吉礼中也少它不得，且又用于居室陈设以及在吉庆图中点醒主题（插图 44）。质地多样，式样纷然，大小长短不一。或玉或金，或漆或竹或木，也有掐丝珐琅，也有三镶五镶。

馆藏黄杨木透雕如意长柄雕出石榴和灵芝，如意头上是一树鲜桃（图 41-1）。剔黑云龙山水如意的如意头则是一幅山水画，高山深涧，跨水接岸一弯拱桥，桥下川水奔流，山阜松柏之间殿阁高耸。由瓦子上的乾隆御题可知这一幅山水图却是暗含着《诗·小雅·天保》中的“九如”之颂，即如山，如阜，如冈，如陵，如川，如日，如月，如南山，如松柏。“乾

插图 44
杨柳青年画《麟吐玉书》（乾隆时期）局部
中国美术馆藏

1　白化文《退士闲篇》，广西师范大学出版社二〇一一年。

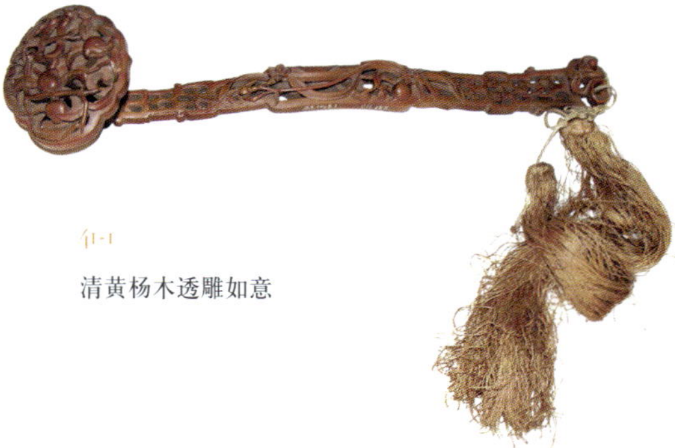

41-1

清黄杨木透雕如意

41-2

清剔黑云龙山水如意

41-3

清剔红如意

隆丁酉”，乃乾隆四十二年（图41-2）。剔红如意的如意头是回纹地上一个底垂流苏上有提梁的花篮，花篮里满盛鲜桃、石榴和佛手。长柄中间瓦子上是湖石桃树和一对蝙蝠，柄端是蝙蝠衔磬磬下一对鲶鱼组成的谐音吉语“福庆年年”，背面通体剔刻卍字锦（图41-3）。整体纹样自然是多福、多寿、多子的祝颂之意。这是清代装饰纹样使用频率最高的艺术语汇，不过梁章钜《浪迹续谈》卷八“三多”条却别有一番议论：“今人每以三多为颂祷之词，问其出典，辄以华封三祝应。然华封事见《庄子·天地篇》，尧观乎华，华封人祝曰：'使圣人寿，使圣人富，使圣人多男子。'未尝指为三多也。三多事惟见《玉海》载杨文庄公徽之言曰：'学者当取三多，乃看书多，持论多，著述多也。'此言甚有味。"此云宋人关于"三多"之说"甚有味"，或因作者认为如此"三多"，方是一种"多彩人生"。

馆藏杂项文物中尚有若干招牌幌子，如用于米粮店的分别写着"公""平""交""易"的蒲包式幌子（图 42-1 ~ 2），又一个做成南瓜样子的"本行自置糯米发客"幌子（图 43）。

42-1 清米粮店『公平交易』幌（『交』字幌）

42-2 清米粮店『公平交易』幌（『易』字幌）

43 清『本行自置糯米发客』米粮店幌子

招牌和幌子是商业发达的产物，一面是招徕顾客，一面也有竞争的意思。《韩非子·外储说右上》：“宋人有沽酒者，升概甚平，遇客甚谨，为酒甚美，悬帜甚高，著然不售，酒酸。”此“悬帜”，便是酒肆门前的招子，后世或称酒帘、青帘、望子，清代多称幌子。清翟灏《通俗编》卷二十六《器用》“望子”条曰：“《广韵》，‘青帘，酒家望子。’按今江以北，凡市贾所悬标识，悉呼望子。讹其音，乃云幌子。”把自家的经营内容做成形象以为招幌，大约宋代就已经很兴盛，南宋吴自牧《梦粱录》卷十六《酒肆》一项曰酒店门前或“挂草葫芦、银马杓、银大碗”，这是以酒器作为标识的具象招幌，乃都城临安景象。元熊梦祥《析津志·风俗》说道，“市中医小儿者，门首以木刻板作小儿，儿在锦棚中若方相模样为标榜。又有稳婆收生之家，门首以大红纸糊篾筐大鞋一双为记，专治妇人胎前产后以应病症，并有通血之药”。“医兽之家，门首地位上以大木刻作壶瓶状，长可一丈，以代赭石红之”；“灌药之所，门之前画大马为记”，这是元大都亦即今之北京的景象。辽宁省博物馆藏仇英《清明上河图》中所绘开设在通衢的“小儿内外方脉药室”、河桥边的“各色鲜鱼面”等店铺，都有具象招幌（插图45）。清代各式招

插图45
仇英《清明上河图》局部
辽宁省博物馆藏

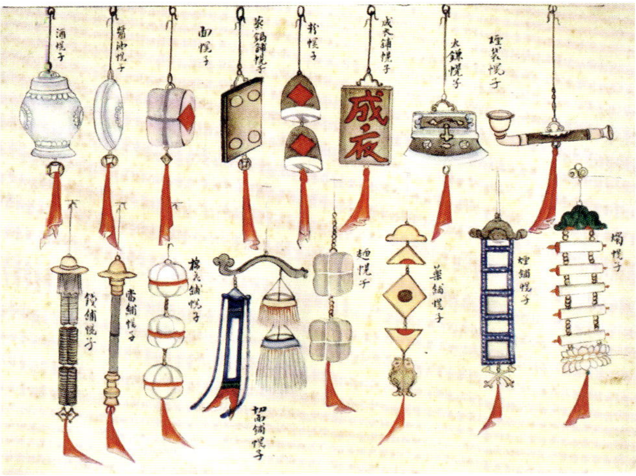

插图46 《北京风俗图谱》中的幌子

幌更为发达。清佚名《燕台口号一百首》之一："幌子高低店铺排，蒲包三两作招牌。更寻纸架当门立，小匾茅房挂大街。"注云："当铺及油店俱悬锡球于门首，名幌子，卖槟榔者点蒲包。又当街挂'茅房在内'一小匾，并设草纸架。"写作年代约为嘉庆初年[1]。青木正儿编《北京风俗图谱》中绘出几十种晚清常见的幌子[2]（插图46），其中切面铺幌子的式样，已见于前举仇英《清明上河图》中的"各色鲜鱼面"，馆藏"公平交易"米粮店幌子也正与图中的两个面幌子式样相同。

月饼模子、饽饽模子，清代都是常见之物，点心铺、蒸锅铺，皆所必备，因此专有"模子作"一行。齐如山《北京三百六十行》说"模子作"："此虽颇简单，但非有真正师傅传授不可，不但花样美观，且深浅大小极费斟酌。因花样虽不同，而印出点心之分量则须一致，否则点心不易售卖，而此模子也无人购买了。"

---

1 雷梦水等《中华竹枝词》，册一，页127，北京古籍出版社一九九七年。

2 《北京风俗图谱》（青木正儿图编、内田道夫图说），平凡社一九八六年。

点心铺之外，家厨也或有备，不过精粗有别，乃至相差悬殊。《红楼梦》第七十五回里八月十五贾母在凸晶馆赏月，称贾珍送来的月饼好，贾珍笑道：“月饼是新来的一个专做点心的厨子，我试了试果然好，才敢做了孝敬。”月饼自制并不稀奇，这里讲究是做得好，模子想必也是精细的，纹样则不外月宫玉兔。馆藏团圆饼亦即月饼模子之一，长 30.6、宽 17.9、厚 3.3 厘米，背面有“十两（“两”作俗写）”二字，圆心里刻弯月下露出半面的广寒宫，台基旁、桂树下，一只持杵捣药的玉兔。圆心外，仙山环绕，间以桂花枝（图 44）。天津博物馆藏一件月饼模子与此布局相似，纹样稍有不同，圆心里的广寒宫还刻出匾额（插图 47），馆藏的另一件也是如此，模子长 30.5、宽 16.1、厚 4.3 厘米（图 45）。昔年中秋尚有祭月之俗，天津博

44 清月饼模子

插图 47 清月饼模子 天津博物馆藏

45 清月饼模子

插图 48

杨柳青年画《拱向蟾轮》

天津博物馆藏

46

清饽饽模子

物馆藏杨柳青年画《拱向蟾轮》所绘即是，此为光绪时期的作品（插图 48）。道光仪征厉秀芳《真州竹枝词》中有题作《大月饼》的一首，道是："手捧香酥出画帘，拜陈时露玉纤纤。月宫见把团圞献，认送嫦娥镜一奁。"[1] 这是巧借月宫神仙之眼来颂扬人间月饼了。

制成鸳鸯"象生"的饽饽模子，长 28、宽 13.4、厚 3.5 厘米（图 46），它教人想到《红楼梦》中贾府里制作荷叶莲蓬汤的模子——第三十五回，宝玉受笞，贾母、王夫人、薛姨妈、凤姐等

1 又《月公纸》："刊成一幅广寒宫，可是嫦娥坐此中。若论太阴应月母，小儿争向唤月公。"王利器等《历代竹枝词》，册三，页 2540，陕西人民出版社二〇〇三年。

进园来瞧宝玉，王夫人问他想什么吃，宝玉笑道："也倒不想什么吃，倒是那一回做的那小荷叶儿小莲蓬的汤还好些。"凤姐一旁笑道："听听，口味不算高贵，只是太磨牙了。巴巴的想这个吃了。"贾母便一叠声的叫人做去。四副汤模子问了管厨房的，问了管茶房的，都不见收，次后还是管金银器皿的送了来。薛姨妈先接过来瞧时，原来是个小匣子，里面装着四副银模子，都有一尺多长，一寸见方，上面凿着有豆子大小，也有菊花的，也有梅花的，也有莲蓬的，也有菱角的，共有三四十样，打的十分精巧。因笑向贾母王夫人道："你们府上也都想绝了，吃碗汤还有这些样子，若不说出来，我见这个也不认得这是作什么用的。"凤姐儿也不等人说话，便笑道："姑妈那里晓得，这是旧年备膳，他们想的法儿，不知弄些什么面印出来，借点新荷叶的清香，全仗着好汤。究竟没意思，谁家常吃他了。""究竟没意思"，不过是凤姐儿的掩饰之词，可人怜的模子制出来的面食，到底教人惦念。

三、清代服饰

（一）首饰

满族女子平日梳旗头，吉庆盛典著礼服，与礼服相配的首饰名钿子[1]。出自清东陵的康熙帝温僖贵妃凤钿，上覆皂纱，钿顶一只金累丝凤凰，金累丝镶宝的桃花两树旖旎于旁侧，两弯灵芝布列在前方，钿口一溜五只探身向下的金累丝凤凰，凤口含珠（插图 49）。温僖

1 夏仁虎《旧京琐记》卷五："旗下妇装，梳发为平髻，曰一字头，又曰两把头。大装则戴珠翠为饰，名曰钿子。"

贵妃卒于康熙三十三年[1]，这一件凤钿可以算作清代早期样式，此后则在此基础上不断增饰且完善其制。晚清福格《听雨丛谈》卷六“钿子”条：“八旗妇人彩服，有钿子之制，制同凤冠，以铁丝或籐为骨，以皁纱或线网冒之。前如凤冠，施七翟，周以珠旒，长及于眉。后如覆箕，上穹下广，垂及于肩，施五翟，各衔垂珠一排。每排三衡，每衡贯珠三串，杂以瑱瑱之属，负垂于背，长尺有寸。左右博鬓，间以珠翠花叶，周以穿珠缨络，自额而后，迤逦联于后旒。补空处相度稀稠，以珠翠云朵杂花饰之，谓之凤钿。又有常服钿子，则珠翠满饰或半饰，不具珠旒，此与古妇人冠子之制相似也。”又崇彝《道咸以来朝野杂记》：“妇女著礼服袍褂时，头上所带者曰钿子。钿子分凤钿、满钿、半钿三种。其制以黑绒及缎条制成内胎，以银丝或铜丝支之外，缀点翠或穿珠之饰。凤钿之饰九块，满钿七块，半钿五块，皆用正面一块，钿尾一大块，此所同者。所分者，则正面之上，长圆饰或三或五或七也。凤钿除新妇宜用，其他皆用满钿，孀妇及年长妇人则用半钿。”钿子上面的装饰名钿花，又称作面簪，由装饰纹样主题一致的若干块合为一组。所谓“钿尾一大块”，原是放在钿顶，钿子前高后低，戴上之后，钿顶便是斜向着后方。凤钿前面的一长条钿口每做成凤衔流苏，即所谓“珠旒”，又或曰“排子”，《清同治大婚典礼红档》卷四“妆奁册”列有“赤金累丝凤钿全分”，注云“随凤衔五挂排子成分　大挑中挑三挑各成对”[2]，即此。所谓“钿子之制，制同凤冠”，乃其要领，即它的制作也同凤冠一般，是由金银点翠镶珠宝制成的一个个小件组合为饰。

“不具珠旒”的钿子，则以钿花的制作彰显粹美。福格云“以

1　温僖贵妃，钮祜禄氏，满洲镶黄旗人，康熙初年辅政四大臣之一遏必隆之女，孝昭仁皇后之妹，康熙二十年册封为贵妃。按此系清东陵被盗系列案追缴品，曾展陈于中国国家博物馆举办“众志成城，守护文明：全国打击防范文物犯罪成果展”。

2　转引自毛立平《清代嫁妆研究》，页102，中国人民大学出版社二〇〇七年。

插图49
康熙帝温僖贵妃凤钿
出自清东陵

插图50
清镶珠翠钿子
故宫博物院藏

铁丝或籐为骨”，崇彝云“以黑绒及缎条制成内胎”，清宫旧藏中均有其例（插图50）。馆藏这一件是以藤为骨，前面四个镶珠宝点翠钿花，三朵团花上面各一只珠翠宝石攒就的蝙蝠，钿口宝花下垂一溜儿璎珞。钿尾一大块是六方花盆里怒放的海棠，花瓣或攒珠或穿碧

47-1

清镶珠宝点翠钿子

47-2

清镶珠宝点翠钿子

玺，枝叶镀金点翠，下方是累丝嵌宝点翠的海水江崖（图 47-1～2）。

穿珠点翠是清代金银首饰的重要特色之一，虽然“翠”字很早即用于描摹首饰之样态，如金翠、翠羽、翠爵、翠翘、翠钗等等，魏晋南北朝诗歌中已是翠色一片，然而此际之“翠”毕竟何物，似难以实物作为确证。宋元时代，结珠铺翠作为一项工艺，渐成日常话题。南宋日用小百科《碎金》的《艺业篇》中“工匠”条下列有“垒珠”和“铺翠”。元代《新编事文类要启劄青钱》卷九《艺术门》列有金银匠、珠翠匠，铺翠的制作者称“珠翠匠”，其手艺是结珠铺翠，也称作“装花”。不过直到清代，金银首饰的点翠才成为主流，结珠铺翠的首饰，今天所能见到的多是清代物。清代首饰有满汉之别，首饰的制作，也是如此，即首饰楼“分为旗妆、汉妆两行，各不易侵越”[1]。工艺则有实作、錾作、包金作、镀金作、拔丝作、珐琅作，又锤金作、点翠作。而不论满妆、汉妆，首饰穿珠点翠的广泛

1 齐如山《北京三百六十行》，页 63，中国戏剧出版社一九九一年。

插图 51-1

中国外销画　钻珠

插图 51-2

中国外销画　点翠花

施用是共同的工艺特色。点翠又或称作铺翠，即把翠鸟的毛羽细细平铺，均匀粘贴在金银器上，使之更加金碧耀眼，工艺上要求平整服帖，不露底。京城所用，多自广东运来[1]。在中国外销画中可以见到钻珠和铺翠的情景[2]（插图 51-1 ～ 2），虽然是十九世纪的广州，但这一类手工艺在百年乃至更长一点儿的时间段里，似乎没有太大的变化。

以纹样中各个物事的谐音构成吉祥之意，至明方始广为流行。但在金银首饰中，还没有成为主流。吉庆题材占得首席，完成于清。这是明代基础上的发扬光大而在这一时期达到极致。其实这也是弥漫于当日整个工艺美术领域的风气，宫廷为皇帝、皇太后举办万寿庆典，原是重要的催生剂。宋元金银首饰中的诗情画意，至此几乎完全演变为“善颂善祷”，蝙蝠、蝴蝶，瓜瓞、葫芦，花篮、花瓶，原属田园小景、山家清供的种种物象俱以谐音组合为美意，满苑春

1　齐如山《北京三百六十行》，页 142，中国戏剧出版社一九九一年。

2　黄时鉴等《十九世纪中国市井风情——三百六十行》，页 34，页 157，上海古籍出版社一九九九年。

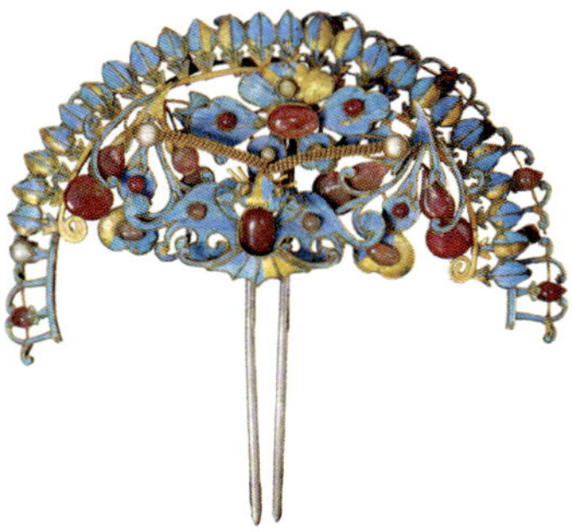

48 清银镀金点翠嵌宝福寿绵长簪

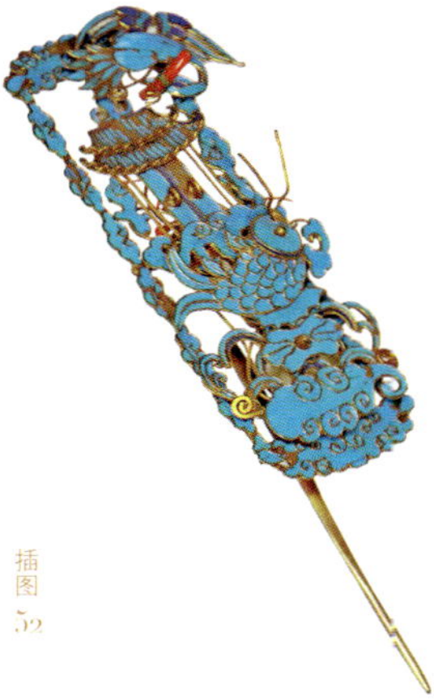

49 清银镀金点翠鲤鱼跃龙门簪

插图52 清石青地彩绣鲤鱼跃龙门镜套

色于是尽笼罩于禧寿无疆的祝颂中。

馆藏银镀金点翠嵌宝福寿绵长簪，长 10.4 厘米，拱桥式的边框仿若一架瓜棚，下边结着宝葫芦四，点翠珠宝葫芦二，自然是取了葫芦万代的意思；下方一只点翠珠宝蝙蝠，合了边框下端两边的珠桃、宝桃，于是成就“福寿绵长”之吉语（图 48）。另一枝银镀金点翠鲤鱼跃龙门簪，算是表现方式比较直白的一例。水波和云朵勾出边框，跃向龙门的鲤鱼带起水花和莲叶，龙门上方一只仙鹤（图 49）。巧得很，馆藏一件清代石青地彩绣鲤鱼跃龙门镜套也是同样的构图（插图 52）。

牡丹花象征富贵，它也是宋元以来取用最多的装饰纹样。馆藏一件点翠头饰，做成花开满枝密叶回护花朵膨起的一株牡丹，麻花丝钩边，金珠点蕊，通体铺翠，下垂珠子璎珞。背面向下弯曲的一柄簪脚套接在构架上的一个小扁管里（图50）。《儿女英雄传》第二十七回道十三妹出嫁时的光景，“当下张姑娘便遵着公婆的指示给他梳了个蟠龙宝髻，髻顶上带上朵云宝盖，髻尾后安上璎珞莲地”。这一件罩盖式的点翠头饰，便属于罩在宝髻上的宝盖一类，所谓“宝髻”“宝盖”，都是美称。常熟女画家叶祖巽仕女屏之一，又晚清吴友如《海上百艳图》中的《媲美鹤林》一幅，都特地绘出以背影亮相的一个美人，以此展露伊人罩于发髻、下垂璎珞的“宝盖”（插图53-1～2）。

50 清点翠头饰（宝盖）

插图53-1 常熟女画家叶祖巽仕女屏局部 常熟博物馆藏

插图53-2 《海上百艳图·媲美鹤林》局部

传统的凤簪清代仍然流行，不过式样、材质与工艺都与前朝大不同，就后者而言，点翠与攒珠是此际特色，用作镶嵌的珠宝则有翡翠、珊瑚、碧玺、映红石、宝烧石、石榴石等。出自宫廷的制作，或有“正凤”与“傍凤”之称[1]，应该都是凤冠上面的饰件，而以此为式制为凤簪，也不妨单独插戴，如故宫藏《胤禛行乐图》中所绘（插图54）。馆藏点翠凤簪一对，两只口衔间缀一尾玉鱼珠结的凤凰相向旋身，尾羽金珠点蕊的一朵牡丹花，分作五歧的羽尖上带着五个鲜桃（图51）。凤钗一对也是飞向桃苑仙境，凤凰展开双翅抱合成圆，头顶珍珠，翅膀下边珠串为托，铺展于前的宝花宝桃仿佛倚云含露，点点露珠便结作坠脚。两件尺寸相同，均长16.4厘米（图52）。清张令仪《燕台竹枝词》：“新更梳裹颇相宜，纱罩笼头二寸奇。八宝金钿当面著，珠挑凤结两边垂。”[2]乾隆时期的杨柳青年画《麒麟送子》中正有这样一位时尚美人[3]（插图55）。

流苏，即珠串间以宝石的坠子，可单，可双，可以戍排悬挑；或衔在凤嘴、缀于钿口；又或挂在簪头、钗首，称流苏，称挑牌，称璎珞，又清高静亭《正音撮要》所谓“簪头繸”，都是此物。若依古称，便是步摇。馆藏一枝珊瑚珠翠流苏，簪首珊瑚梅枝的下边挂一个小小的珊瑚篮子，下垂翠磬，翠磬底端三挂宝石坠脚的璎珞（图53-1）。另一枝簪首是银镀金点翠的竹枝竹叶，低垂的三枚竹叶叶尖上分别挂着小连环，环下各缀竹叶梅花，是流苏中式样别致的一种（图53-2）。

鸟架簪，清代称作“鹦哥架”或“莺哥架”，也是簪钗中别饶

1 正凤、傍凤之称，见朱家溍《养心殿造办处史料辑览》第一辑，页170，紫禁城出版社二〇〇三年。

2 张令仪，字柔嘉，安徽桐城人，张英之女。王利器等《历代竹枝词》（乙编·顺治康熙雍正朝），页545，陕西人民出版社二〇〇三年。

3 今藏中国美术馆，此为观展所见并摄影。

插图 54

《胤禛行乐图》局部

故宫博物院藏

51

清点翠凤簪一对

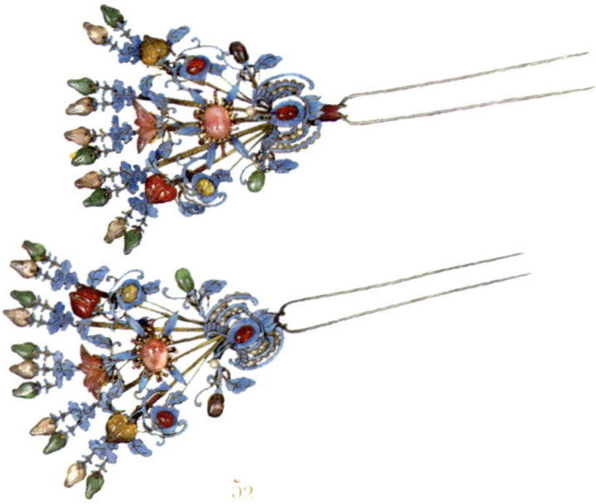

52

清点翠嵌宝凤穿花钗一对

插图 55

杨柳青年画《麒麟送子》局部

中国美术馆藏

53-1

清珊瑚珠翠流苏

53-2

清银镀金点翠竹叶流苏局部

插图 56-1

清金累丝鹦哥架

首都博物馆藏

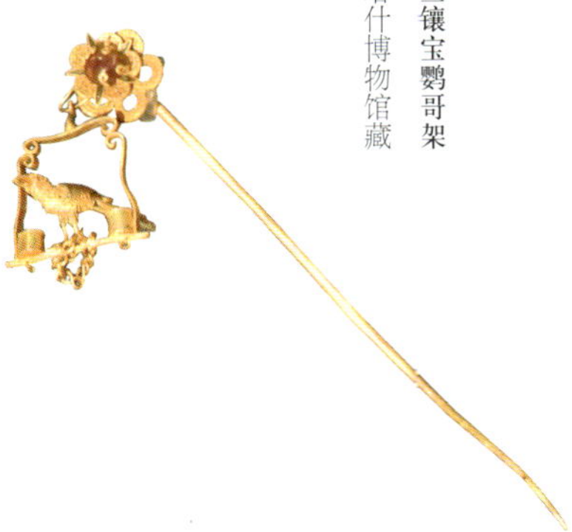

插图 56-2

清金累丝镶宝鹦哥架

艾尔米塔什博物馆藏

奇致的式样。首都博物馆藏金累丝鸟架簪亦即鹦哥架，簪首是一枝金累丝凤头挑竿，凤口衔环，环下缀一个鸟架，架顶上垂了几竿竹，上面覆着祥云，架上一对小小的鸟食罐，中间横杆上站一只鹦哥（插图 56-1）。艾尔米塔什博物馆也藏有大致相同的一枝（插图 56-2）。馆藏的这一件银镀金点翠鹦哥架长 23.5 厘米，造型与前举两例相类，不同的是鸟架下方又缀了三挂金点翠的竹叶（图 54）。鹦哥架的设计构思或有来自绘画的启发，因为这是明代货郎图中常见的形象，比较东京国立博物馆藏明佚名《货郎图》中的鹦哥架（插图 57），即可会得此意。清《霓裳续谱》卷四录有〔寄生草〕《清晨早起梳妆罢》一支，曲儿唱道："清晨早起梳妆罢，梳上了油头，罩上了冰纱。又听得卖花的人儿转过了妆楼下。他吆喝灯草花儿了，卖翠花儿了，一分一厘不让价。叫了声丫鬟你与我买花，我要买栀子茉莉，还代（带）着江西腊，还要买翠蓝蝴蝶，一嘟噜葡萄，螂螂笼儿鬟边斜

54 清银镀金点翠鹦哥架

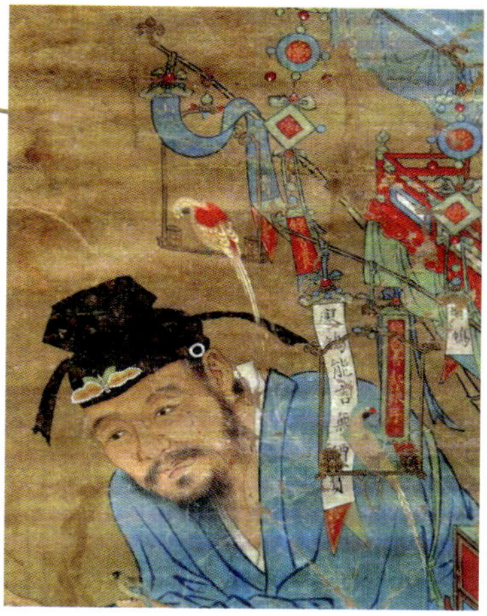

插图 57 明佚名《货郎图》局部 东京国立博物馆藏

带（戴）的鹦哥架。”[1] 嘉庆道光年间华广生编小曲总集《白雪遗音》也收录曲词内容大致相同的一支，题作《清晨早起》，末了一句是“还有那枝擅（颤）微微的一枝莺哥架”[2]。所谓“鬓边斜戴”，所谓“颤微微的一枝”，两支曲子中的“鹦哥架”，必是这一类鸟架簪，则它是清代颇为风行的式样。子弟书《调春戏姨》头回，道佳人的模样是“双把儿头红绳儿扎紧盘如意，歪抿着偏顶络穗儿搭拉在鬓角。耳垂儿边赤金钳子悬珠坠，鬓角儿旁珠挂儿一枝挂莺哥”[3]。可知梳着两把头儿的满族女子，也以鬓边一枝挂莺哥妆扮得俏丽。顺

1 《明清民歌时调集》，下册，页 193 ～ 194。

2 全曲作：“清晨早起梳妆罢，梳罢油头，罩上了乌纱。猛听的卖花人儿来妆楼下。他喊道灯草花儿翡翠花儿，一分一枝不让价。叫了声丫鬟，你与我买花。我要那栀子茉莉江西腊，俺还要迎风倒儿、催风篮儿，贴金乖乖，鹅翎蜻蜓翡翠蝴蝶，还有那枝擅微微的一枝莺哥架。”《白雪遗音》卷二，《明清民歌时调集》，下册，页 661。

3 北京市民族古籍整理出版规划小组《清蒙古车王府藏子弟书》，上册，页 349，国际文化出版公司一九九四年。

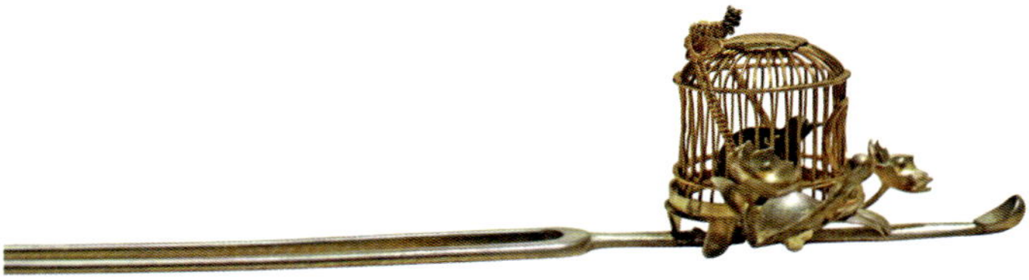

插图58
鹌鹑笼耳挖式银钗
东京都江户东京博物馆藏

便说到，这一式样也见于东瀛，如东京都江户东京博物馆藏鹌鹑笼耳挖式银钗一枝（插图58），时代约当十八至十九世纪。

除了旗头用扁方，挽髻用扁簪这两个大的区别之外，满妆与汉妆所用首饰很多是相同的。传统的耳挖簪，此际成为金银簪钗中的一大类，宫廷，民间；满妆，汉妆；北方，南方，都普遍使用，或金，或玉；或简素，或繁丽；耳挖簪的纹样可以在百花园中信手摘取，长长短短，大大小小，式样与风格，丰富空前。

与前朝相比，清代耳挖簪尺寸偏长，因又俗名一丈青，函璞集英书屋《邗江竹枝词》"耳挖名为一丈青"[1]，清高静亭《正音撮要》卷三列在首饰类中的"一丈青"，《红楼梦》第五十二回晴雯"向枕边取了一丈青"云云，都是此物。陈森《品花宝鉴》第四十九回曰三姐"走到帘子边，那枝银挖耳插得本长，抓著帘子，落下地来"，也是一幅特写。馆藏银镀金龙戏珠耳挖簪通长19.7厘米，簪首龙身蟠卷奋鬣呲齿作抢珠之势，只是龙首前边当日嵌的一颗珠子已脱落（图55）。尺寸长，自然扩展了装饰的空间，耳挖簪之端的耳挖勺既已不具实用功能，便又可以借了它的造型翻出新样。杨柳青年画里绘出的美人，鬓边一枝耳挖簪，长挺上栖着蝴蝶，近端处挂

1 王利器等《历代竹枝词》，册二，页1708，陕西人民出版社二〇〇三年。

55

清银镀金龙戏珠耳挖簪

插图 59-1

杨柳青年画《麒麟送子》（乾隆）局部

中国美术馆藏

插图 59-2

杨柳青年画《加冠仕女图》（雍正）局部

中国美术馆藏

着一串莲花璎珞（插图 59-1）。长耳挖上不妨再穿鲜花，子弟书《鸳鸯扣》道相亲者眼中的佳人是“探春花儿朵长耳挖上穿定”，杨柳青年画里也正有如此这般的美人图（插图 59-2）。当然也可以是绢花、宝花或是珠宝制作的盆花、瓶花，如故宫博物院藏一枝珠翠瓶花蝴蝶耳挖簪（插图 60）。馆藏银镀金折枝菊花与盆花耳挖簪钗三枝虽然没有点翠嵌宝，但依凭锤錾之工，却也花袅袅，叶盈盈。银镀金

插图 60

清珠翠瓶花蝴蝶耳挖簪

故宫博物院藏

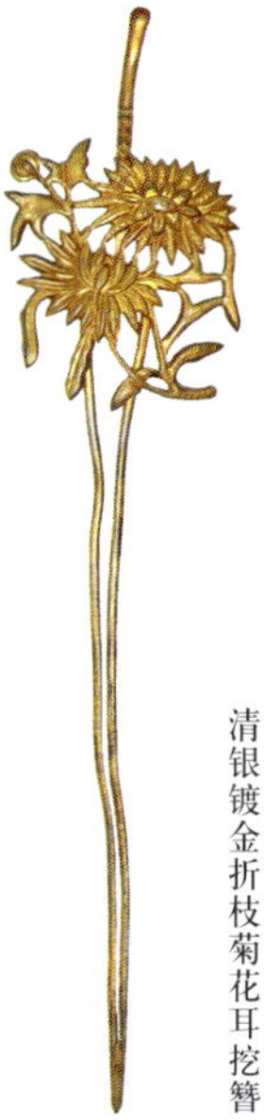

56-1 清银镀金折枝菊花耳挖簪

56-2 清银镀金盆花耳挖钗

56-3 清银镀金盆菊耳挖钗

盆菊耳挖钗一枝最是气格清秀，更难得把一个长方框里的适合图案以简笔白描法做得回舞流风（图56-1～3）。

不论两把头还是盘龙髻，耳挖簪通常是斜斜高翘在一侧，子弟书《军营报喜》“琵琶式鬓边斜带金挖耳”即是也，清代绘画中也每有如此插戴耳挖簪的形象，如前举中国美术馆藏雍正和乾隆年间的两幅杨柳青年画。

十八子，又叫作手串、念珠，而念珠原是本名。它和朝珠都是清代服饰中的佩件，不过朝珠原是纳入礼制的，自有等级分明的各种规定，轻易越不得规矩。十八子则不然，虽然从来源上说，二者本是同出一源；从式样上说，它是朝珠的俭省和缩略，一般也有佛头、佛头塔，背云、坠角（插图61-1～2），但它的佩带却可以不受约束，很是随意。

插图 61-1
清翠十八子
故宫博物院藏

插图 61-2
清碧玺十八子
故宫博物院藏

既名手串，自然是作腕饰，《红楼梦》第二十八回说宫里贵妃赏下端午节礼，宝玉的一份有红麝香珠二串，宝钗和他相同，宝玉因问道："宝姐姐，我瞧瞧你的红麝串子。""可巧宝钗左腕上笼着一串，见宝玉问他，少不得褪了下来"。但手串却也可以在上端做出一个提系挂在胸前为佩件。张子秋《续都门竹枝词》"沉香手串当胸挂，翡翠珊瑚作佛头"[1]，所云即此。张子秋是苏州人，竹枝词作于嘉庆年间。晚清松友梅著时事小说《小额》写主人公的穿戴是"汤绸大衫儿，夹纱坎肩儿，二钮儿上挂着伽蓝香的十八子儿"。大襟的二纽上挂手串，在晚清图像上有不少例子，如清宫后妃的多幅写真。

1　王利器等《历代竹枝词》，册三，页2017，陕西人民出版社二〇〇三年。

57 清沉香木镶金珠福寿字十八子

馆藏沉香木镶金珠福寿字十八子一串，重 54 克，十八个沉香珠以及佛头都是嵌着金珠福字二，缉米珠寿字二，沉香木的背云是金丝、金珠、缉米珠嵌出的蝙蝠捧寿，燕尾须上一对蝙蝠如意云坠脚，也是用沉香木嵌着金丝与金珠（图 57）。

当然最普遍的腕饰仍是手镯，包镶则是清代手镯的一种流行做法，如金镶伽南、金镶玳瑁、金镶藤等等。馆藏镶金嵌珠伽南香木手镯一对，金里一周錾刻梅花朵朵，包镶其表的一周伽南香木以珠蕊金瓣梅花呼应在外。手镯直径 7.5 厘米，一对共重 45.3 克（图 58）。原为清宫旧藏。

金银手饰中，最具清代特色的是指套，清高静亭《正音撮要》“首饰”一项所列“指甲筒”，即此。徐珂《清稗类钞·服饰类》“金指甲”条：“金指甲，妇女施之于指以为饰，欲其指之纤如春葱也。自大指外皆有之。有用银者，古

58 清镶金嵌珠伽南手镯

插图62
杨柳青年画《弹琵琶仕女》局部
中国美术馆藏

59-1
隋银指甲套
西安西郊隋李静训墓出土

时弹筝所用之银甲也。”此所谓“古时”，当指南北朝时期。《梁书》卷三十九《羊侃传》曰侃性豪侈，善音律，姬妾侍列，中有“弹筝人陆太喜，著鹿角爪长七寸”；又陈后主《听筝诗》句云“调弦系爪雁相连”。馆藏有西安西郊隋李静训墓出土银指甲套（图59-1）。不过金银指套作为手饰而形成风气是在清代，短者五六厘米，长者十三四厘米，以镂空纹饰为常见，万字、福寿、盘长、古禄钱、巧连环、梅、兰、竹、菊，花样繁多，制作工巧。根据《红楼梦》改编的子弟书《一入荣国府》中的凤姐儿，便是戴了“赤金洋錾指甲套”[1]。陈森《品花宝鉴》第四十九回道赶车的周小三，其三姐“十指尖尖，套了银甲”。杨柳青年画《弹琵琶仕女》图中的美人则是十指都戴着金甲（插图62）。馆藏指甲套一对，各长十厘米，金

1　韩小窗《一入荣国府》第二回，华德栋等《子弟书丛钞》，页81～82，上海古籍出版社一九八四年。

59-2
清金累丝嵌珠宝指甲套一对

累丝的连钱纹上嵌兰花，缉米珠为花瓣，各色宝石点蕊，兰叶点翠，是很典型的清代式样（图 59-2）。

（二）服装

清代服装绝大多数为传世品，时代近，保存状况好，品类丰富。等级最高的帝妃之服多为清宫旧物，今泰半收藏于故宫博物院。各地博物馆的藏品，则以民间衣饰为主。无论满妆汉妆，刺绣精工，是清代服饰的特色。缂丝、妆花，不是寻常可得，刺绣作为女子之必修，则有足够的时间和精力。衣之层层镶滚，裙之凤尾栏杆，无一不以刺绣见功夫。

领、袖、衣缘加镶边饰，一面为着衣服的耐久，一面为了美观，这是自上古以来一直延续下来的传统做法，而在清代，特别是中叶以后至晚清，更把不露本色的"领边秀"发展到极致，即所谓"十八镶"，《清稗类钞·服饰类》："咸、同间，京师妇女衣服之滚条道数甚多，号曰十八镶。"镶边之物，时称"栏杆衣边"，绦边为齿状者，或谓之"狗牙绦"。清李光庭《乡言解颐》卷三"衣工"条曰，"自男作衣工，俗只谓之裁缝，而踵事增华，日甚一日。七十年前，吾乡有吕五福者，于瓜葛中为晚辈，人颇诚实，工亦坚致，其时只裙袖偶用镶边，且裁剪之余一丝不苟"；"今京师之衣工，一衣自三镶以至五镶，其工费数倍于本身，即幼孩之衣亦然，则真作孽矣"。下因诵人一绝云："授衣时节又寒号，补缀搜寻布缕条。瓮底尚余半升米，且赊三尺狗牙绦。"此书前面有作者道光二十九自序，上推七十年，则乾隆四十四年。《红楼梦》第四十九回道湘云大褂子里头"穿着一件半新的靠色三镶领袖秋香色盘金五色绣龙窄褙小袖掩衿银鼠短袄"，已教人觉得短袄样式很有点考验语言功夫，及至道光时期邗上蒙人《风月梦》，女子衣装的形容更是大费周章，繁琐得一口气说不下来，比如该书第五回，道月香到了自己屋里，"换了一件蛋青八宝花式洋绉圆领外托肩周身元缎金夹绣五彩《红楼梦》人物山水花边挂黄绿藕色旗带三镶三牙镀金桂子扣新大褂，加了一件佛青镜面大洋羽毛面圆领外托肩周身白缎金夹绣三蓝松鼠偷葡萄花边切剜四合如意云头排金银旗带三镶三牙银红板绫里镀金桂子扣夹马褂"。绕口令一般的语言，多一半是说着或手绣或机织、或宽或窄的各种边饰，不过，这倒是并无夸张的写实之笔，

插图 63-2

清浅蓝纱彩绣藤萝团寿字衬衣

清东陵文物管理处藏

插图 63-1

《红楼梦》人物衣边（摹绘）

而多有实物可证[1]（插图 63-1）。晚清更有所谓“鬼子栏杆”亦即西洋花边，如蕾丝之类，且用于宫廷服饰（插图 63-2）。

如同宋代的领抹，清代“栏杆衣边”在铺号里也有专项经营。齐如山《北京三百六十行》卷二《工艺部下·纺织服饰类》“绦子作”一则说道：“绦子亦名‘栏杆’，为妇女镶沿衣服所用。从前亦系一

1 上海市戏曲学校中国服装史研究组《中国历代服饰》，页 297，学林出版社一九八四年。

插图 64-1

清蜀绣鸟兔蜂蝶花卉蓝缎袖边

四川大学博物馆藏

插图 64-2

清代织绣衣边

广州美术馆藏

大行，虽然由广东、四川等省来的很多，而北京制造的也不少，不过川广来的较好就是了。四川来者曰‘川绦’，广东来者曰‘广绦’，招牌则书‘川广栏杆’。”子弟书《逛护国寺》“寸宽的栏杆我要用十数多板”，更说的亲切。可与此相对看的有分别藏于四川大学博物馆和广州美术馆的清代袖边和衣边（插图 64-1 ～ 2）。馆藏这一件多重镶滚的女衫，通长 93 厘米。衣料是万字不到头与盘长组合成的福寿绵长暗花蛋青纱，牙边三滚，绣边三道，又是两道黑缎掐的栏杆，正可见得七镶八滚的装饰效果。这时候的领边绣把领缘的精致变成一层层纹样

60

清蛋青纱多重镶滚女衫

不同的花边相间成章而推向全身（图60），正是“绸缎绫罗任意穿，栏杆镶滚又花边。共说好看年年换，只计时新不计钱”[1]，乃至“寻常一领细衫子，只见花边不见绸”[2]。

纳纱是清代十分流行的一项刺绣工艺，即在素纱罗地上，用彩线按织花纹格挑线穿花，绣成满地的块面花纹，露地的称纳纱，不露地的称纳锦。它的好处是结实可靠，不挑线，浮线不长，不起毛，且花纹具有织锦的效果。纳纱和纳锦又统称戳纱，清中期以后尤其风靡。清得硕亭《草珠一串》“时尚”类中的一首便专是咏它：“打子平金与

1　筱廷《成都年景竹枝词》，王利器等《历代竹枝词》，册五，页3915，陕西人民出版社二〇〇三年。

2　道光时期叶调元的《汉口竹枝词》卷四“闺阁”：“蜀锦吴绫买上头，阔花边样爱苏州。寻常一领细衫子，只见花边不见绸。”其下注云：“花边阔三四寸者，盘金刺绣，璀璨夺目。再加片金、金钱、阑干、辫子，相间成章，一衣之费，指大如臂。”王利器等《历代竹枝词》，册三，页2361，陕西人民出版社二〇〇三年。

插图 65-1

《西湖十景图·平湖秋月》

日本町田国际版画美术馆藏

插图 65-2

《北京民间风俗百图·看西湖景》

绣花，而今一概不须夸。试看多少蓬门女，费尽工夫是戳纱。”[1]

山水风景和人物故事，是纳纱取用最多的绣样，又或者一衣之中二者兼有。山水风景大约与“西湖十景”的流行不无关系。杨守知《西湖竹枝》：“珠翠丛中逞别才，时新衣服称身裁。谁知百裥罗裙上，也画西湖十景来。”[2]乾隆时期的杨柳青年画有绘制工细的《西湖十景图》（插图 65-1）。到了晚清，西湖景差不多成为山水风景的代名词。《北京民间风俗百图·看西湖景》：“此中国看西湖景之图也。天下之景无胜于西湖，所已（以）取此为名。”（插图 65-2）

馆藏玉色纳纱绣镶边女衫，衣料是拐子纹勾出连续方胜的暗花玉色纱，领圈纳纱绣的四合如意云头以水绿和莲青两根绦子滚

---

1 此又作《京都竹枝词百有八首》，刊行于嘉庆二十二年。雷梦水等《中华竹枝词》，册一，页 150，北京古籍出版社一九九七年。

2 作者为康熙三十九年进士。《历代竹枝词》，册一，页 728，陕西人民出版社二〇〇三年。

边，里边的勾云是黑缎黄絛掐牙，如意云里彩绣风景人物，此即小说中说到的“鞴肩贴背镶大如意头儿”（《儿女英雄传》第三十八回）。衣襟和两个如意云头的开气儿也是如此做法。衫长92厘米（图61-1）。蓝色纳纱绣风景人物女衫与此式样相同，如意云和衣边绣样是花木、云石、仙鹤与梅花鹿。衣身彩绣美人行乐，而构图好似书籍插图的月光版，“月光”内双双对对的美人庭园里作画，赏花，观鱼，垂钓，乘槎舟，放风筝，焚香抚琴。“月光”外，点缀丛丛簇簇的“西湖景”。衫长85厘米（图61-2）。函璞集英书屋《邗江竹枝词》“女袖如今作月宫，时新苏倩喜相逢”，此所谓“月宫”，当指圆光。下云“三牙金线匹双滚，吩咐成衣细细缝”[1]，乃清代普遍施用的方法。

马褂是罩在长袍或长衫上面的短款外罩，男女皆然。所谓“长袍马褂”，正是清代服饰的一个鲜明特色。清尹湛纳希《泣红亭》第十一回，道迎面来人“头戴绡呢大檐新式春帽，身穿青贡绸棉袍，上套灰天鹅绒马褂，脚登白粉厚底半高勒夹靴，胯上佩荷包，浑身是最时行的打扮”。清小和山樵《红楼复梦》第五十九回，曰“茗烟抬头见是金凤，穿着月色绸羔儿皮袄，外罩着青绸面儿灰鼠马褂，有一尺二三寸的大袖口，下系着青绸棉裙”。两个例子都是小说家笔下的时世妆。馆藏酱色漳绒花卉夹马褂长82厘米，领、袖、衣缘是连续如意头的宽边，衣身满布或作折枝或作团花的梅兰竹菊，还有团花式仙鹤与蝴蝶（图62）。至于马褂的式样，倒是有一首《竹枝词》说它正着，——清张子秋《都门竹枝词》：“马褂边镶如意头，对襟更欲效时流。估衣铺内心机巧，旧面翻新利倍收。”[2]

坎肩，又称背心。《红楼梦》第四十六回，道鸳鸯“穿着半新

1 王利器等《历代竹枝词》，册二，页1708，陕西人民出版社二〇〇三年。

2 作于嘉庆二十四年，雷梦水等《中华竹枝词》，册一，页164，北京古籍出版社一九九七年。

61-1
清玉色纳纱绣镶边女衫

61-2
清蓝色纳纱绣风景人物女衫

62
清酱色漳绒花卉夹马褂

的藕合色的绫袄，青缎掐牙背心，下面水绿裙子”，虽不过家常妆束，而一件青缎掐牙背心，却是既显身段，又调和色彩，看去自是清雅和柔。尹湛纳希《泣红亭》第十八回，道“金夫人的丫头三妥一看，五福准备的是红贡绸碎花夹袄，上罩绿缎绣花坎肩，红绿相配，特别显眼漂亮。想起自己穿的莲花紫薇缎苹果绿长袍，虽说是崭新的，但上边没有罩的坎肩。猛地想起福寿姑娘有一件古绣大红绡呢短坎肩”，“要是把它借过来穿上几天，自己的绿旗袍可就显眼漂亮了”，这里则是特别要借助坎肩的提亮色彩的功能。坎肩有长款、短款，大襟、对襟、琵琶襟等各种式样（插图 66-1～2）。馆藏这一件纳纱绣大襟夹坎肩长 71 厘米，桃红的素纱地上镶滚翠绿和浅紫的绣边，宝蓝缎掐牙，前后纳绣舜耕历山、董永葬父、郭巨埋儿、孟宗哭竹、王祥卧冰、王裒闻雷泣墓等二十四孝故事，每个故事都有艳丽的配景，间隔处彩绣山水花木亭阁（图 63）。

以缎和绒互为花地的提花丝织物，称漳缎，以此构成的织物有

插图 66-1

清天蓝缎地大镶边琵琶襟坎肩

清华大学艺术博物馆藏

插图 66-2

清爱竹斋加官进禄年画

天津博物馆藏

63

清红纳纱绣二十四孝故事夹坎肩正面

清红纳纱绣二十四孝故事夹坎肩背面

两种形式，一为绒花缎地，即漳缎；一为绒地缎花，便是漳绒。有单色即纹地同色与双色即纹地二色之分，也有加金的做法，如馆藏一件绿加金漳绒团凤麒麟裙。漳缎虽称“漳之物产”，不过这种类型的织物明代南京已有生产，清代更以南京、苏州、杭州为主要产地。这一件秋香色漳绒团鹤夹坎肩属于单色亦即地纹同色，缠枝花草加如意云头的大宽边，四合如意云地子上起团鹤，长 75 厘米（图 64-1）。

宝蓝漳缎团花夹坎肩长 57.5 厘米。四周大宽边，制为前后两片，正面两肩下方横一排七个钮扣，衣襟下方两侧各三，合为钮扣十三。素缎地上起绒花，便是蝙蝠、石榴、佛手即多福、多子、多寿的三多团花（图 64-2）。这是“巴图鲁坎肩”的式样，俗称一字襟马甲或十三太保。巴图鲁为满语勇士之意，最初是朝廷要员之服，因又称军机坎，后则行于一般官员，而略有礼服的性质。《清稗类钞·服饰类》“巴图鲁坎肩”一则曰：“京师盛行巴图鲁坎肩儿，各部司员见

64-1 清秋香色漳绒团鹤夹坎肩

64-2 清宝蓝漳缎团花夹坎肩

堂官往往服之，上加缨帽，南方呼为一字襟马甲。例须用皮者，衬于袍套之中，觉暖，即自探手，解上排钮扣，而令仆代解两旁钮扣，曳之而出，藉免更换之劳。后且单夹棉纱一律风行矣。”则它最初是穿在里面，热的时候可以用解钮的方式分两片掣出，而省却穿脱外衣的麻烦。子弟书《武乡试》说那应试者“穿一件大蓝箭袖缺衿线绉，套一领月白夹衬遮体天青，倭缎镶沿巴图鲁坎，小泥帽风尾龙头紫绛缨”[1]，是时人眼中的英武妆束。所云“缺衿”，即“袍之右襟短缺，以便于骑马者也”（《清稗类钞·服饰类》）。

“裙拖六幅湘江水”，是清人说裙最喜欢引用的一句唐诗，句出李群玉《同郑相并歌姬小饮因以赠》，原是为着强调裙子的宽幅多褶乃“古已有之”。清代女裙之“时样”，称“月华”、称“凤尾”、称“鱼鳞”，而无一不是宽幅多褶，因也不妨统称“百褶裙”。叶梦珠《阅世编》卷八“内装”一节说裙曰：“裳服，俗谓之裙。旧制，色亦不一，或用浅色，或用素白，或用刺绣，织以羊皮金，缉于下缝，总与衣衫相称而止。崇祯初，专用素白，即绣亦只下边一二寸，至于体惟六幅，其来已久。古时所谓‘裙拖六幅湘江水’是也。明末始用八幅，腰间细褶数十，行动如水纹，不无美秀，而下边用大红一线，上或绣画二三寸，数年以来，始用浅色画裙。有十幅者，腰间每褶各用一色，色皆淡雅，前后正幅，轻描细绘，风动色如月华，飘飏绚烂，因以为名。”李渔《闲情偶寄》卷三《声容部》“衣衫”一节说裙曰：“裙制之精粗，惟视褶纹之多寡。褶多则行走自如，无缠身碍足之患，褶少则往来局促，有拘挛桎梏之形；褶多则湘纹易动，无风亦似飘飖，褶少则胶柱难移，有态亦同木强。故衣服之料，他或可省，裙幅必不可省。古云‘裙拖八幅湘江水’，幅既有八，则褶纹之不少可知。予谓八幅之裙，宜于家常；人前美观，

1　北京市民族古籍整理出版社规划小组《清蒙古车王府藏子弟书》，页152，国际文化出版公司一九九四年。

尚须十幅。盖裙幅之增，所费无几，况增其幅必减其丝。惟细縠轻绡可以八幅十幅，厚重则为滞物，与幅减而褶少者同矣。”“近日吴门所尚‘百裥裙’，可谓尽美。”“吴门新式，又有所谓‘月华裙’者，一裥之中，五色俱备，犹皎月之现光华也。”二人生活的时代约略相当，都属于清代前期，而月华裙的形制所说相异，即一说“每褶各用一色”，一说“一裥之中，五色俱备”。或可认为，月华裙乃类别之称，此一类中容有多式，而又统归于百褶裙[1]。道光时期的方浚颐《春明杂忆》：“月华裙子样新翻，缟素娟娟掩绣痕。金粉六朝无此艳，棋盘街侧桂林轩。”[2]可见百余年的时光里，月华裙依然流行，却是式样不断翻新。总之是质地轻薄，色彩淡雅，裙褶细密，绣工精妙，然而刺绣之美又非一览无余，它偏要借着裙褶之细密，而随步履时隐时现。因此不论“每褶各用一色”，或“一裥之中，五色俱备”，都会有“色如月华，飘飏绚烂”的效果。《聊斋》第十二卷《寄生》一则云寄生初见五可，惊为“神仙不啻”，然而丽人之形容，却只有一句“着松花色细褶绣裙，双钩微露”。

宽幅多褶不自清代始，清代的特色在于绣工。当然绣裙也不自清代始，明宋懋澄《阊门竹枝词》：“连红裙子百花新，密纴蚕丝刺鸟身。解带登床银烛短，匆匆折叠避流尘。”自注：“裙叠花鸟山水是吴中珍重。”[3]绣工精细的明代裙子，也颇有实物可见。不过还要说，是到了清代方以绣工之繁丽富艳把宽幅多褶的女裙发展到极致。

所谓“洋绉”，乃俗称，实非外来，而是国产，即一种轻薄细

1 蒋仁锡《燕京上元竹枝词十二首》之七句有“抬起月华裙百摺”，句下自注：“月华裙用五色缯制成，其摺多至百馀，又名‘百褶裙’，京师时尚也。”蒋仁锡，康熙四十八年进士。王利器等《历代竹枝词》，册一，页776，陕西人民出版社二〇〇三年。

2 作者安徽定远人，道光二十四年进士。雷梦水等《中华竹枝词》，册一，页191，北京古籍出版社一九九七年。

3 作者系万历四十年举人。雷梦水等《中华竹枝词》，册二，页1170，北京古籍出版社一九九七年。

软微微起皱的平纹春绸。《红楼梦》第三回道黛玉初进荣国府，见到“打扮与众姑娘不同”的王熙凤，“身上穿着缕金百蝶穿花大红洋缎窄褃袄，外罩五彩刻丝石青银鼠褂，下着翡翠撒花洋绉裙”。何良玉《诸物源流册·绸类》说“洋绉紬”曰“文深，花儿亮厚，身分好”[1]，即是此物。至于鱼鳞，却是用了在每条细褶上纵向间隔钉针的方法，使裙身随举步而约略撑开，于是波光闪动，鱼鳞微现。馆藏洋绉彩绣百褶裙，裙料是柳黄瓜瓞绵绵暗花洋绉，裙门和裙背镶滚绦边，下方彩绣折枝桃花中的“喜相逢”，“百褶”上彩绣花蝶。说它“一裥之中，五色俱备”，也是不错的，却又是百褶细叠掩绣痕。通长99厘米（图65-1）。十锦洋绉彩绣鱼鳞百褶裙则是以不同色彩的洋绉拼斗成裙，裙门和宽宽的裙拖是各色缎地上的彩绣及盘金、盘银绣：凤穿花、舞蝶与折枝、蝙蝠与仙桃、金银

1 该书是一本商业手册，光绪十八年印行。

65-1 清黄洋绉彩绣鱼鳞百褶裙

清黄洋绉彩绣鱼鳞百褶裙展开

清黄洋绉彩绣鱼鳞百褶裙之『鱼鳞』（侧视）

65-2
清十锦洋绉彩绣鱼鳞百褶裙

交错的江牙海水。通长 81 厘米（图 65-2）。

鱼鳞百褶之上更添凤尾，便成鱼鳞百褶凤尾裙。清李斗《扬州画舫录》卷九《小秦淮录》说翠花街肆市，言及凤尾裙，道是“裙式以缎裁剪作条，每条绣花两畔，镶以金线，碎逗成裙，谓之凤尾。近则以整缎折以细缝，谓之百折，其二十四折者为玉裙，恒服也”。扬州如此，苏州亦然，顾瑶光《虎邱竹枝词》“微有风情小女郎，云鬟丹颊好苏妆。风吹凤尾裙初乱，一路花香不是香”[1]，可见风气。

馆藏实地纱彩绣鱼鳞百褶凤尾裙，通长 104.5 厘米。裙料是樱桃红暗花百蝙实地纱，布裙腰，裙门裙背内心下方拉锁绣百花草虫，外缘层层镶滚宽宽窄窄的各样栏杆绦边，最宽的一重是玉色缎地上彩绣园林花鸟：湖石曲栏，松树仙鹤，灵芝鹭鸶，兰花舞蝶，桃枝

1 王利器等《历代竹枝词》，册一，页 913，陕西人民出版社二〇〇三年。

66-1 清实地纱彩绣鱼鳞百褶凤尾裙

拉锁绣百花草虫

清实地纱彩绣鱼鳞百褶凤尾裙上的铅笔画稿

清实地纱彩绣鱼鳞百褶凤尾裙之绣品与画稿对比

翠鸟，裙门两侧各垂“凤尾”九条，各个以数重绦子滚边，内绣灵芝蝙蝠（图66-1）。有意思的是，绣边不知何故留下未完成绣活儿的一株松树树干，墨笔画稿不免教人想到清代番禺闺秀张秀端《金缕曲·自题绣谱》中句，“近时花样精无比。细商量、孰宜缟素，孰宜红紫。百四十篇篇错落，同伴借来描刺”[1]。展露才情的绣窗针线，正是女儿生活中的

1 引自严程《刺绣里的诗意》，《文汇报》二〇一七年三月七日。

诗意。

十锦缎地彩绣鱼鳞百褶凤尾裙，却是“凤尾”数条色彩不同，衬托“凤尾”的“百褶”也是以色彩花样各不同的缎绣“琗逗”而成。镶绲绦边的裙门和裙背，都是缎地上彩绣花鸟。一个娇黄缎地，湖石上一只开屏的孔雀，下端是灵芝旁边的仙鹤，牡丹、桃花伸枝展蕊在一边，兰花、翠竹、葡萄、鹦鹉、蜜蜂、蝴蝶簇拥在上方。一个是素白缎地，荷塘里面双鸳鸯，水边松下牡丹花旁一对孔雀，流云下方对飞着仙鹤。裙门和裙背下角分别雕绣一对如意头，雕绣，也称镂空绣、挖补绣。裙通长 102.5 厘米（图 66-2）。

清洋绉彩绣鱼鳞百褶凤尾裙通长 102 厘米。裙门裙背镶滚带如意云头的宽边栏杆，内心所剩空间既小，遂以盘金绣的曲水使之依然醒目。各个水湾彩绣亭树花草，水流合抱处成一个八合如意的画框，曲栏之畔袅袅婷婷一个看花美人。清丁柔克《柳弧》卷三“妇女发式服式”一节说到，“今则窄边花边皆不行，惟镶宽边，至宽有三寸馀者，谓之‘苏滚’，富贵家妇女皆好之。宽边之中又加以各处云头”[1]，此裙是也（图 66-3）。

钿子是满族女子的首服之一，此外又有困秋帽，崇彝《道咸以来朝野杂记》：“冠则带困秋帽，与男冠相仿，但无顶，无缨，皆以组绣为饰，后缀绣花长飘带二条，此冬季所用者。”青木正儿编《北京风俗图谱・服饰第四・礼冠便帽》中绘有“旂帽坤球”，即是此物（插图 67）。因是冬季所用，故多以毛皮翻折为帽檐。所谓“无顶”，是顶为组绣。馆藏藏獭为卷檐的困秋帽口径 17、高 13.7 厘米，帽顶彩绣八只蝴蝶捧出的四枝粉白牡丹，顶心一个红线结。后垂的两根飘带上端并拢从帽檐预留的小孔穿进来，用一个小钩挂在线环里，底端分别结流苏，算上流苏总长 94 厘米，红飘带上彩绣

1 此书编订于光绪十一年前后。《柳弧》（宋平生等整理），页 157，中华书局二〇〇二年。

66-2

清十锦缎地彩绣鱼鳞百褶凤尾裙

雕绣如意头

66-3

清洋绉彩绣鱼鳞百褶凤尾裙

插图 67

《北京风俗图谱·服饰第四·礼冠便帽》局部

67
清困秋帽

清困秋帽（飘带展开）

两相对称的花枝蛱蝶（图67）。首都博物馆藏清代年画《唱影戏图》中，足蹬花盆底鞋的满族女子戴着的正是如此式样的一顶（插图68）。

满族女子不缠足，所穿绣鞋底以木制，高底者高至二三寸至四五寸，或称“马蹄”，或称“花盆”。徐珂《清稗类钞·服饰类》曰：“八旗妇女皆天足，鞋之底以木为之。其法于木底之中部（即足之重心处）凿其两端，为马蹄形，故呼曰马蹄底。底之高者达二寸，普通均寸馀。其式亦不一，而著地之处则皆如马蹄也。底至坚，往往鞋已敝而底犹可再用。向以京师所制之形式为最佳，著此者以新妇及年少妇女为多。”“处女至十三四岁始用高底。”夏仁虎《旧京琐记》说“旗下妇装”，曰“履底高至四五寸，上宽而下圆，俗谓之花盆底”。木底的制作大约很要些工夫，北京因有掌握此门手艺的“旗鞋底匠”，齐如山《北京三百六十行》曰：“从前旗门妇女鞋之木底种类很多，最大之底有见方六七寸者，其做法亦非平常木匠所能，所以这也是一大行。”同书举出的还有“锁云行”，是鞋

插图68
清代年画《唱影戏图》局部
首都博物馆藏

68-1
清花盆底绣鞋

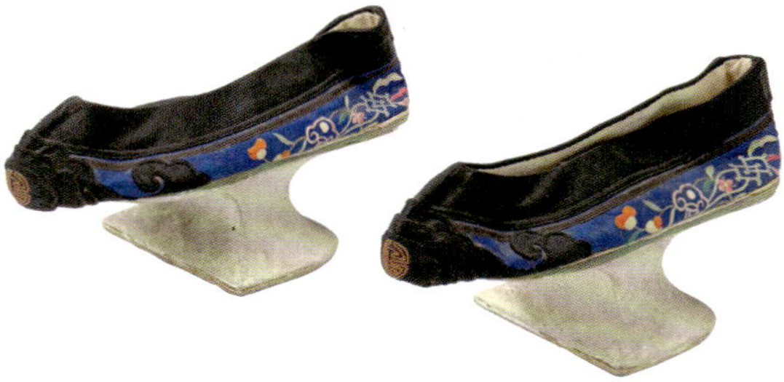

68-2
清花盆底绣鞋

68-3
清花盆底绣鞋

尖的云头之边必要用丝线连锁坚牢方得耐久，因此也特成一行。当然鞋帮的绣工更不可少。芝兰主人《都门新竹枝词》：“性情恬静更温存，脂粉新施为站门。也是洋镶针线巧，木头厚底号花盆。”关于“洋镶”，作者在另一首里有说，便是“鞋帮巧作号洋镶”[1]，虽然鞋帮常常为衣裳所掩，如子弟书《查关》所云“宫样花鞋三寸底，鞋帮儿看不真切大半是被衣藏”[2]。馆藏花盆底绣鞋三双，式样相同，鞋帮绣样不同。两双鞋上锁云头，一绣桃枝蜂蝶（图 68-1），一绣如意方胜（图 68-2），另有蛋青地的一双，长 23、高 14 厘米、合四寸多高，回纹宽边，彩绣杂花草虫（图 68-3）。

1 雷梦水等《中华竹枝词》，册一，页 354、355，北京古籍出版社一九九七年。

2 《查关》，据梆子腔《宿关》改编，演汉元帝太子刘唐建独行北漠遇番女故事。此所云“宫样花鞋”，便是他眼中的番女形象。

北宋卤簿钟上的『千里江山图』

中秋节后往沈阳，在辽宁省博物馆新馆连续参观四个半天。与旧馆相比，展陈面积扩大了许多，新近揭幕的“古代辽宁”以五个展厅的规模亮出馆藏，颇有以往未曾展示的文物。行至第四展厅之一偏，蓦见置于矮台子上一口硕大的铜钟（图1），展品说明上写着：卤簿钟，北宋，辽宁省博物馆藏。

铜钟通高1.84米，八波曲的钟脚，钟身由五道弦纹分隔为六层。第一层是铸有二龙抢珠钮（蒲牢）的钟顶，第二至第四层铸作卤簿图，便是革车、指南车、相风乌舆和乘舆亦即辂的“三车一舆”以及各持仪物的数十人的“旗仗”和“宫卫”（图2），其下是如同长卷的一周山水图，青龙、白虎、朱雀、玄武与云朵上的四组仙人分别铸在钟脚的八个波曲。

帝王出行的仪物制度即所谓“卤簿”是我留心的问题之一，这一口难得的卤簿钟自然早在关注范围之内。且不说它的铸造工艺精良，纹饰繁复而准确，因成考证仪卫制度的难得实证，遍布于不同装饰带的建筑、山水、四神、四仙，也都引人注目。虽然它的名气似乎不够大，但却不乏注意到卤簿钟重要价值的学者。最是夷考精详的论述，当推王明琦《卤簿钟的年代研究》一文。以“年代研

1
北宋卤簿钟
辽宁省博物馆藏

2
卤簿钟上的辂

3 卤簿钟上的宣德楼

究”标题，即因关于卤簿钟的时代，有辽代说，金代说，宋代说，至于钟身的“大清乾隆年造”系后刻，倒是很容易判定，而据此可知它曾入清宫内府。卤簿钟下缘朱雀开光的火焰珠左侧近口沿处，由右向左斜刻一行“右街僧官（押）宛平县仰山院（押）”，《卤簿钟的年代研究》在多方举证考订钟为北宋物之后，认为这一行铭文是“金代检验青铜器物的官员验记刻文”；“所以流入燕京的仰山院，大体上是和辽宁省博物馆藏北宋徽宗时期铸造的‘大晟南吕编钟’流入金代上京一样，在北宋靖康之变，金人破汴梁，掠运到燕京的”。又以“仰山院”之名，可推知验记刻文的年代，约当金代实行铜器验记制度的海陵王正隆二年至金世宗赐名仰山院为栖隐寺之大定二年的五年之间[1]。傅熹年《宋赵佶〈瑞鹤图〉和它所表现出的北宋汴梁宫城正门宣德门》一文，更将钟的制作年代锁定在北宋末的政和八年。铸于铜钟第四层装饰带的一座城门，凹字形平面，城楼居中，下开五门，门楼两侧以廊庑与朵楼、两阙相连（图3）。而依

1 王明琦《辽海文物考辨》，页 192 ～ 193，辽宁大学出版社二〇〇年。

宋人记载，汴京皇宫的正门为宣德楼，北宋前中期皇宫正门为三个门道，至政和八年方以蔡京倡言，据唐长安大明宫丹凤门之制扩建宣德门为五个门道，即整个北宋“仅仅在最后九年才在汴梁宫殿中建了一座五个门道的城门，其他时间地点均无可能，所以钟上的门楼形象应是扩建后的宣德门”[1]。城楼名称既得以确定，铜钟择要表现的大驾卤簿且以环形而寓出与入之意，自可与宣德门构成完整的叙事，那么其下有类于“千里江山”的一周山水图，也就不是纯然的风景。

卤簿钟此番在博物馆里是裸展，虽然设了一个矮围栏，但丝毫无碍探身细看，因此每个细节都历历在目，铸在钟上的“千里江山图”也是如此。不过既有《卤簿钟的年代研究》在先，则仍以照引为宜：“卤簿钟身饰纹第四层，凸铸一条横绕钟身一周的山水饰纹带。这条饰纹带，是由三段相同的画面相连结，构成一幅气势磅礴，山势连绵的山水图卷。就其画面内容，择其一段，则可窥其全豹。画面取景作横卷式，以六座高山前后交错布列，成为整个画面的中心。六座高山分前后两排，形成一条由右向左的狭长山谷，由于前排三山的遮挡，在画面上形成了三个空间：第一个空间，右下角有一行者赶着毛驴，将从溪上小桥走过，沿着前方的夹谷山路而去。在其右边的山谷里，一劳作者似荷锄而归。在其前上方的山脚下，有一茅屋隐约可见。第二个空间，是由左面相连的三山和左面一山相对，中间出现一条斜长的山谷，溪水沿谷底而流。左上方，有一亭式建筑倚立于左三山的山坳之前。右山脚下的溪水边，停泊着一小木舟，景象异常恬静。第三个空间，则是第二个空间左三山向左的延续，在画面最左面的山坳间，亦有两座茅屋隐现。有的茅屋顶上挑着一面小旗，是为酒肆的标志。从整个画面看，近景是峰峦迭

1 《傅熹年书画鉴定集》，河南美术出版社一九九九年。

嶂，远景则是山势连绵。树木、溪流、小桥、木舟、茅屋、酒肆等点缀其间。”“就卣簿钟饰纹带所表现的山水题材来说，也具有北宋绘画中山水长卷的时代特征。”

中秋节前，曾两番进“宫”近距离观看《千里江山图》；不意在此又与北宋卣簿钟上的“千里江山图”相遇，一先一后同为政和年间物，而俱与徽宗及蔡京相关，头脑里映像的叠加几乎不可避免。卣簿钟上的山水图，大到重岗叠嶂联络映带的整体布局，小到曲涧幽溪的景物点缀，诸如溪桥、泊舟、亭阁、茅舍、劳人，更有山势及山峰肌理的表现手法，虽然一为绘制，一为铸造，精粗有异，繁简有别，但二者的相似，实在一目了然，甚或要说后者是前者的简易版，乃至前者竟是粉本亦未可知。看展厅墙壁上卣簿钟的拓本照片，便更可会得山水长卷的意味，且以它的循环往复而颇有江山无尽的效果（图4）。铜钟皇家制作的性质，是没有疑义的。《卣簿钟的年代研究》中说道：“若按卣簿钟饰纹中所表现的中心，皇宫大内的宣德门，当是作为北宋王朝的象征。而宣德楼又在政和八年改建，因此可以设想卣簿钟是为了在改建后的宣德楼上悬挂，作为北宋王朝的朝钟而铸造的。”如果这一推论可以成立，那么它与王希孟的《千里江山图》正可相互发明。王希孟《千里江山图》是宋代青绿山水之唯一，卣簿钟上如此气势的“千里江山图”也是铜钟纹饰之唯一，两件不同材质的作品，却有诸多偶然的关联——徽宗与蔡京，政和三年（《千里江山图》隔水黄绫蔡京题识起首即云“政和三年闰四月八日赐”）与政和八年，相关的人物以及耐人寻味的时间节点，似可构成前后相衔的两段历史叙事而成为画作与铜钟共同的背景，共同的政治寓意或也隐然在其中。

卤簿钟上的山水图（右起）

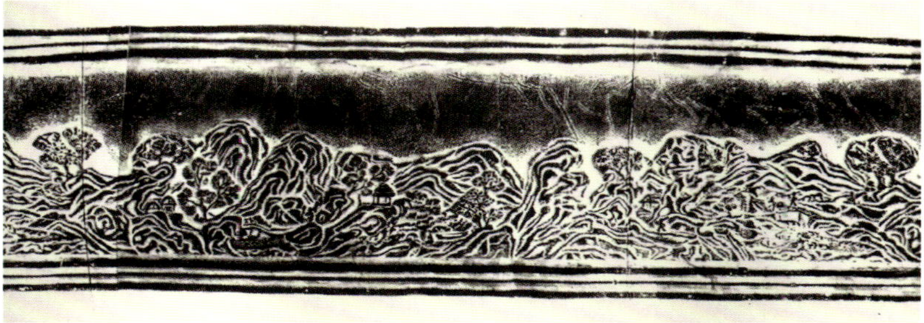

卤簿钟上的山水图（中）

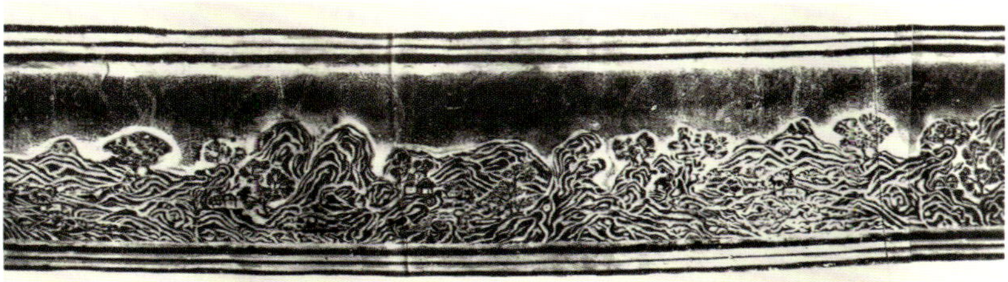

卤簿钟上的山水图（左边）

深藏在黄悦岭下的南宋故事：

张同之夫妇墓出土器物细读

每一座城市都有自己的故事，历史文化名城，故事自然更多。关于南京，《儒林外史》中的一段，说的极好。该书第二十九回，道杜慎卿一行在雨花台岗儿上闲游半日，“日色已经西斜，只见两个挑粪桶的挑了两担空桶，歇在山上。这一个拍那一个肩头道：‘兄弟，今日的货已经卖完了，我和你到永宁泉吃一壶水，回来再到雨花台看看落照！’杜慎卿笑道：‘真乃菜傭酒保都有六朝烟水气，一点也不差。’”这样的古城，真是“到处都涌现出历史”。

现代考古兴起，今人有了更为优越的条件“看落照”，读故事。如果出土文物能够与传世文献相互印证，交相补充，那么这样的故事必定会丰满而具体，并且更有可见可感之亲切。

先举与南京有关的一篇名作，便是南宋词人张孝祥的一阕《六州歌头》，词曰：“长淮望断，关塞莽然平。征尘暗，霜风劲，悄边声。黯销凝。追想当年事，殆天数，非人力；洙泗上，弦歌地，亦羶腥。隔水毡乡，落日牛羊下，区脱纵横。看名王宵猎，骑火一川明。笳鼓悲鸣，遣人惊。/念腰间箭，匣中剑，空埃蠹，竟何成。时易失，心徒壮，岁将零。渺神京。干羽方怀远，静烽燧，且休兵。冠盖使，纷驰骛，若为情。闻道中原遗老，常南望、翠葆霓旌。使行人到此，忠愤气填膺，有泪如倾。”宋佚名《朝野遗记》记此事曰：《六州歌头》，声调雄远，“近张安国在建康留守席上赋一篇云（词略），歌阕，魏公为罢席而入”。魏公，即主战派大臣张浚，时任建康府留守，当日为宴席主人，却为此词所动，竟至罢宴。这一忠愤填膺的传诵古今之作乃作于南京。词人壮志未酬，才未尽用[1]，英年早逝，其墓亦在南京。辛更儒《张孝祥集编年校注》所附《年谱》，曰张孝祥“葬建康府上元县清果寺”。引《景定建康志》卷四十三：“待制张孝祥墓，在上元县清果寺侧。考证：张孝祥字安国，举进士第一，官至显谟阁学士。本历阳人，未第时多留建康，隆兴中尝为留守，后葬于此。”[2]

一九七一年，江浦县西北的黄悦岭东南麓发现张同之夫妇墓[3]，墓中出土了《宋故运判直阁寺丞张公埋铭》与《宋故夫人章氏祔葬埋铭》各一方。张同之正是张孝祥之子。墓葬为夫妇同穴的双室墓，左室为丈夫，右室为妻子。左室随葬品中有一方六面铜印，正面为阴文篆书“张同之印”，上面阴文篆书“野夫”，四面边款跋文分别为“十有二月”“十有四日”“命之曰同”“与予同之”（图1）。由跋文的内容和口吻，可知是出自张孝祥。“与予同之”，是儿子的生日恰巧与父亲同月同日。辛更儒《张孝祥集编年校注》所附《张同之事迹考释》一篇将《宋故运判直阁寺丞张公埋铭》（以下简称《张公埋铭》）与传世文献相互印证，述其生平大概颇为精审。据《张公埋铭》同之卒于庆元二年，得寿五十，则其生年为绍兴十七年，小父亲十六岁。同之在张孝祥《于湖集》中只有一见，即《送仲子弟用

1 谢尧仁《张于湖先生集序》：“自渡江以来将近百年，唯先生文章翰墨为当代独步，而此犹先生之余事也。盖先生之雄略远志，其欲扫开河洛之氛祲，荡洙泗之膻腥者，未尝一日而忘胸中。使其得在经纶之地，驱驰之役，则周公瑾、谢幼度之风流，其尚可挹于千百载之上也。”

2 辛更儒《张孝祥集编年校注》，页1657，中华书局二〇一六年。按《年谱》提到一九八一年黄悦岭南又见一处于湖墓，残碑称孝祥字于湖，甚可怪。

3 南京市博物馆《江浦黄悦岭南宋张同之夫妇墓》，《文物》一九七三年第四期。

六面铜印・张同之印

六面铜印・野夫

六面铜印・十有二月

六面铜印・十有四日

六面铜印・命之曰同

六面铜印・与予同之

南宋张同之夫妇墓出土

同之韵》一首。《张公埋铭》提到同之曾为他的生母李氏请封，然而铭文称同之父孝祥，姚时氏硕人，却不及李氏，则同之或非孝祥亲生。但无论如何，他是孝祥的合法继承人，孝祥致仕，同之即“恩授承务郎”。同之仕宦经历，具见《张公埋铭》。同之能诗，与朝中名士如陆游、周必大、张镃等都有往还，不过他的诗作今仅存一首，便是刻于潜山县山谷流泉（又名石牛古洞）的《题三祖寺》：“飞锡梁朝寺，传衣祖塔丘。石龛擎古木，山谷卧青牛。半夜朝风起，长年涧水流。禅林谁第一，此地冠南州。”诗题下署“历阳张同之”，诗末署“绍熙二年十月”[1]（图2）。当是张同之知舒州时所作。陆游《送张野夫寺丞牧滁州》句云“金印斗大谁作州，公子玉面苍髯虬。赋

1 潜山县博物馆《天柱山山谷流泉石刻》，页63，安徽美术出版社二〇一一年。

诗健笔挟风雨，论兵辩舌森戈矛”，可见同之才干之大略。

张同之的随葬品多为文房用具，计有端砚（图3-1）、歙砚各一，墨两锭，铜水盂一（图3-2），铜镇尺一对，铜笔架一（图3-3），六面铜印一方，又鹧鸪斑纹盏两件，金镶玉花钱一枚。“文房四宝”之说虽然宋代已经出现，不过两宋士人更喜欢的称谓还是“文房四士”或“文房四友”。一件铜水盂略如拳大，四方形，口圆有盖，其上一个莲苞钮，盖侧开出一个小缺口，缺口里插着一柄桃形匙叶的银水匙。此“水盂”，原是宋人所称“水滴”。南宋赵希鹄《洞天清录》中说得很明白：“白玉或瓘子玉，其色既白，若水稍有泥淀及尘污，立见而换之，此物正堪作水滴，上加绿漆荷叶盖盖之，盖侧作小穴，以小杓柄嵌穴中，永无尘入。”这里说的是玉，万俟绍之有诗题作《方水滴子》，所咏则是金属制品，诗曰：“质由良冶就，心向主人倾。外倣片金制，中藏勺水清。兔毫芳露染，龙尾湿云生。终令双眸炯，曾窥妙女成”[1]。这里的兔毫指笔，龙尾指砚。诗中的方水滴子是铜质，此器并非以造型新异取胜，它的好，即如《洞天清录》所述，虽然逊于玉制，不过防尘的作用却没有不同，诗所谓“中藏勺水清”也，且清如双眸，守着主人作得画成。

同出又有一对带捉手的铜镇尺。与此类似者也见于福州茶园山南宋许峻墓，镇尺上且满饰精细的回纹[2]。镇尺可镇书也可压纸，南宋马远在《西园雅集图》中正把它描绘得清楚。北宋韦骧《花铁书镇》：“铁尺平如砥，银花贴软枝。成由巧匠手，持以镇书为。弹压全系尔，推迁实在台。不能柔绕指，方册最相宜。”[3]（图4-1）陕西蓝田北宋吕氏家族墓地一号墓出土一件铁书镇，长31.2、宽1.7厘

1 北京大学古文献研究所《全宋诗》，册四九，页30961，北京大学出版社一九九八年。

2 福建省博物馆《福州茶园山南宋许峻墓》，页28，图一八：4，《文物》一九九五年第十期。

3 北京大学古文献研究所《全宋诗》，册一三，页8551，北京大学出版社一九九三年。

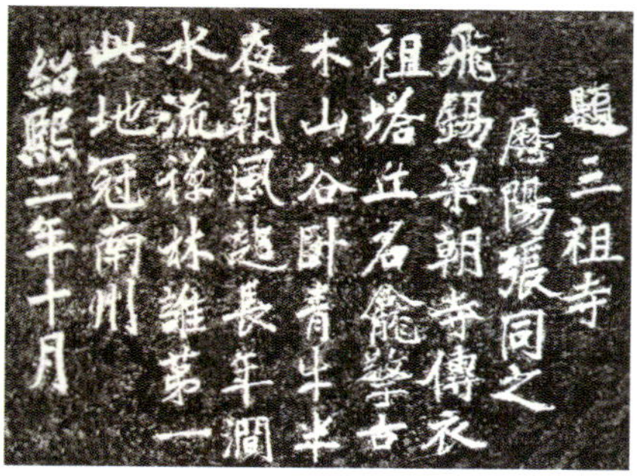

2

张同之《题三祖寺》拓片

3-1

端砚

南宋张同之夫妇墓出土

3-2

方水滴子

南宋张同之夫妇墓出土

插入银水匙的方水滴子

银水匙

3-3

铜镇尺与铜笔架

南宋张同之夫妇墓出土

米，“尺平如砥”，中有一个蘑菇头的捉手（图 4-2）。惟通体光素无纹，而未如诗人的花铁书镇以“减铁”工艺嵌作折枝花，即所谓“银花贴软枝”。镇尺也称压尺，又或界尺，当然它与专用于作界画的界尺并非一物。镇尺的出现或与写字作画使用纸张的大小变化相关，根据研究者的测定和统计，此项变化比较明显的分界大致在唐宋之际，而这也正好是书案由小向大逐渐变化的时期。镇尺与镇纸不同。镇尺如尺，不过中间做出捉手，捉手多取兽形，材料也多为玉、石和铜，并且总是成对。镇尺初有别号，称作“由准氏”，见《清异录》；又称作“隔笔简”，见宋《国老谈苑》卷一：太宗“以柏为界尺，长数寸，谓之隔笔简，每御制或飞宸翰，则用以镇所临之纸”。可知它的压纸，是为着书写时作一个界划行间距离的参照，南宋林洪作《文房图赞》为诸物委以官职，镇尺即得名“边都护”（图 4-3），宋人咏镇尺也多取此意。如北宋张方平《谢人赠玉界尺》，“美玉琢温润，界尺裁方直。非惟立规矩，亦以端简册”。又南宋刘子翚《书斋十咏》中的“界方”一题，所咏也是镇尺：“抄书防纵逸，界墨作遮阑。妙用谁能识，心端笔自端。”考古发现的宋代镇尺以实用的金属制品为多，北宋吕氏家族墓、南宋张同之墓出土镇尺，均与《文房图赞》中的“边都护”式样一致。

此外的端砚、歙砚各一，都是宋代常见的式样。墨两锭形制相同，一锭是用过的，已消耗掉小一半。文房四友，石砚的使用耗材最小，历时当然也最为长久。若为美质，便更为主人所宝，生前亲爱，死后随葬，自在情理之中。北宋范镇《东斋记事》曰：“胡旦作大砚，可数尺，镵其旁曰：‘宋胡旦作汉春秋砚。’遗命埋冢中。”[1]胡旦所作《汉

1 《东斋记事》（与《春明退朝录》合辑），页 47，中华书局一九八〇年。又宋敏求《春明退朝录》卷上曰：“杨庶几孜言：胡祕监旦退居襄阳，镵大砚以著《汉春秋》。书成，瘗其砚。每闻大臣名士薨卒，必作传以纪其善恶，然世不传。”

图1

铜镇尺

福州茶园山南宋许峻墓出土

图2

铁镇尺

陕西蓝田吕氏家族墓地出土

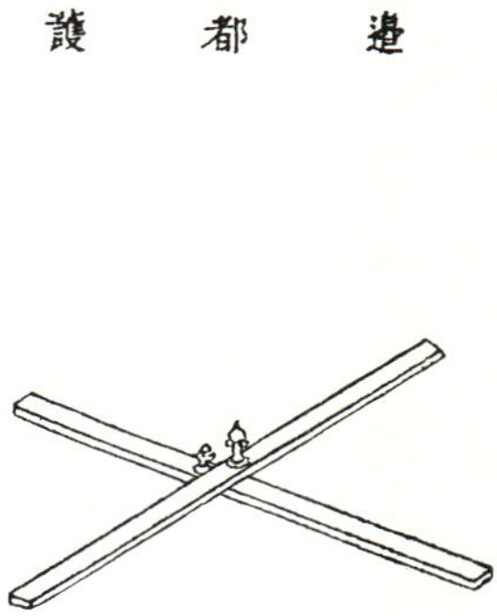

图3

边都护《文房图赞》

5

政和元年铭三足歙砚

陕西蓝田吕氏家族墓地出土

春秋》不传，却留下这一则文房故事而见主人性情[1]。陕西蓝田吕氏家族墓出土一件圆形三足歙砚[2]（图5），砚底铭曰："政和元年十一月壬申，承议郎吕君子功葬，以尝所用歙石研纳诸圹，从弟锡山谨铭之曰：为世之珍，用不竟于人。呜呼！"砚主人为吕至山，字子功，是吕大观之子。铭砚之从弟锡山为吕大忠之子 。北宋名臣蔡襄以

---

1 王辟之《渑水燕谈录》卷四："胡旦少有俊才，尚气凌物，尝语人曰：'应举不作状元，仕宦不作宰相，乃虚生也。'随计之秋，郡守坐中闻雁，旦赋诗曰：'明年春色里，领取一行归。'诗人皆壮其言。明年果魁天下。"

2 陕西省考古研究院等《蓝田吕氏家族墓园》，册四，页 941，文物出版社二〇一八年。

平日所用端砚随葬，嗣后墓葬被盗，端砚也为盗墓者攫取，但也许此砚并非名品，不久又为盗贼所弃，南宋林希逸和刘克庄曾同为此事赋诗寄慨[1]，后村诗《又盗弃端砚一首》句云“此砚随公岁月深”，以平常语而道出砚之于人最为温馨的情味。张孝祥《谢送端砚》一诗也有“穿冢宜随我”之句。宋人日常生活的诸般精致，在文房雅具中更见出经营，难怪它又被一一收拾到诗里。

又有金镶玉花钱一枚，用作包镶的金皮錾镂毬路纹，直径 5.8、厚 0.4 厘米（图6）。从纹样看，它应非压胜钱，而是宋人所云“包子”之一种。蔡絛《铁围山丛谈》卷四中说道，“祖宗故事，诞育皇子、公主，每侈其庆，则有浴儿包子并赉巨臣戚里。包子者，皆金银大小钱、金粟（别本作果）、涂金果、犀玉钱、犀玉方胜之属”。

章氏是同之的继室，据同出的《宋故夫人章氏祔葬埋铭》，章氏高祖为章惇，父冲，“见任中散大夫，提举建宁府武夷山冲佑观”，母亲叶氏，“赠令人，左丞石林先生之女”，“夫人生于外氏，而中散亦筑居弁山，故为吴兴人”。石林先生，即叶梦得，累官中书舍人、翰林学士、吏部尚书、龙图阁直学士，章氏是他的外孙女。同之的随葬品以书房清物为主，章氏则是茶、酒器，且银器居多。计有银长瓶一（图7-1），银蕉叶一（图7-2），梅梢月纹银盘盂一副（图7-3～4），银盆一、银渣斗一、银钵二，银盏、银高足杯、银箸、银匙、银盘、银盖罐、直口平底银盖盒各一，卷草纹银盒一，又银釦定窑白瓷盏三件（图8）。“夫人生于外氏”，而外祖父乃朝中大老，随葬品或不乏妆奁中物。四川彭州宋代金银器窖藏中即有“史氏妆奁”款银花口盘盏一副。要之，章氏随葬的瓶、盏、盘、盂数事，不仅是南宋酒器中常见的组合，而且是其中的精品。

银长瓶，通高 21.5、口径 2.4、底径 5.5 厘米，遍身打作卷草纹，

1　刘克庄诗题作《盗发蔡端明墓一首，和竹溪韵》《刘克庄集笺校》（辛更儒校注），册五，页 1833，中华书局二〇一一年。竹溪，即林希逸。

6

金镶玉花钱

南宋张同之夫妇墓出土

7-1

银长瓶

南宋张同之夫妇墓出土

7-2

银蕉叶

南宋张同之夫妇墓出土

7-3

金釦银酒盂

南宋张同之夫妇墓出土

7-4

银盘

南宋张同之夫妇墓出土

8
银釦定窑白瓷盏
南宋张同之夫妇墓出土

盖顶錾一个百事吉结子。而这里的卷草纹，依《营造法式》的说法，当称作“龙牙蕙草”。这一样式的银瓶，通常为贮酒器，宋人诗歌中每呼作长瓶。如果不使用注子，长瓶自也不妨直接倾酒入杯。苏轼《蜜酒歌》“三日开瓮香满城，快泻银瓶不须拨”，拨，此指滤酒。瓮酒入银瓶，此瓶即可用来斟酒。杨万里《惠泉酒熟》“抱瓮输竹渠，挈瓶注银盃”[1]，其情似之。天津博物馆藏一幅宋人《月下把杯图》，画面右上题作“相逢幸遇佳时节，月下花前且把盃”，右下方露出大半身的长桌上放着高饤和酒樽，樽里插着酒勺。桌子下边一对酒坛，一个荷叶盖的大瓮，或是清泉一器。主仆五人，主人执手把盃，一个童子捧长瓶，一个童子捧果盘，又一个童子捧巾（图9）。可见长瓶的使用情形。

宋人爱花，梅花当居第一，不过它却是“独向百花梦外，自一家春色”[2]。象生花、折枝花之外，装饰领域里“自一家春色”的

1 辛更儒《杨万里集笺校》，册一，页571，中华书局二〇〇七年。按本文引诚斋诗，凡未另外注明者，均据此书。

2 黄载《孤鸾·四明后圃，石峰之下，小池之上有梅花》，页402，宋赵闻礼编《阳春白雪》卷六，上海古籍出版社一九九三年。

9
《月下把杯图》局部
天津博物馆藏

流行纹样莫过于梅梢月或梅花月。它也是诗词中常见的意象，如南宋高翥《冬日即事》“杖藜独立梅梢月，成就清寒到十分”[1]，如张孝祥《念奴娇》“壮士长歌，故人一笑，趁得梅花月”[2]。饰以梅梢月的酒器，则多以它的姝秀清逸为筵席劝饮别添诗韵。章氏墓出土的梅梢月纹银盘盂一副，承盘和酒盂均以梅花为式。盘底在浅浅錾出水波纹的地子上打造水边横斜的一树新枝，梅枝之外留白，惟以轻云新月点缀其间。盘高 1.9、口径 14.6 厘米。银盂口沿加金釦，内心打造梅花一朵，壁间的五个花瓣内各錾折枝梅花。盂高 3.9、口径 9.5 厘米。南宋刻本《碎金》“酒器”一项列举的盂，即特指酒盂。如钵一般平底无足而器口不内敛，便是盂的基本式样。宋代日用之器有酒盂、汤盂和熟水盂子，还有与厮锣、唾盂合为一副配合使用的钵盂。酒盂也不妨与承盘构成组合，即如章氏墓出土的这一副。

酒器中的“蕉叶”是唐代已经出现的样式，如纽约大都会博物

1 北京大学古文献研究所《全宋诗》，册五五，页 34128，北京大学出版社一九九八年。

2 词题为“仲钦提刑仲冬行边，漫呈小词，以备鼓吹之阙”。《张孝祥集编年校注》，册四，页 1214。

馆藏一件金花银蕉叶，叶脉是鱼子地上的缠枝花，回卷的缠枝间飞着鸟（图 10-1）。它在宋代也同“梨花”一样流行，或称杯，或称盏，或独以蕉叶为称。宋庞元英《文昌杂录》：“太师潞公西归，开封推官赵君锡作小诗二十篇，纪恩宠以送行，其尤为人传诵者，如‘乐人都用教坊家，席上群公换口夸。内里宣来蕉叶盏，御前赐出缕金花’。”太师潞公，即文彦博。这里说到的蕉叶盏，乃出自禁中，不过它却并非皇家专属。张先《天仙子·观舞》“金蕉并为舞时空”[1]，王之道《虞美人·和孔纯老送郑深道守严州》“一尊聊罄金蕉叶”[2]，高登《好事近·再和饯别》“尊前相顾惜参商，引十分蕉叶”[3]，葛立方《虞美人·泛梅》“瑀蕤泛，蕉叶盃宽”[4]，或歌舞送酒，或离席珍重相劝，酒筵中蕉叶每每是宠儿。李之仪“暖归白傅金蕉叶，寒逼温郎玉镜台”（《次韵雪》），一盏蕉叶杯在诗人眼中又由实景而凑成韵语。南京市中华门外北宋长干寺真身塔地宫出土一件银釦水晶蕉叶杯（图 10-2），“内里宣来蕉叶盏”，由此可推知其式。章氏随葬品中的这一枚银蕉叶，短茎作柄，打作精细的蕉叶浅浅弯成弧形以略足“杯”意，而实在容酒有限，相对于前一例的“蕉叶盃宽”，此却是陆元光《回仙录》列举诸般饮器中的“蕉叶最小”[5]。

与前朝相同，宋代各种金银釦器也同金银杯盏一样引人注目，

1 《全宋词》，册一，页 73，中华书局一九八〇年。

2 同 1，册二，页 1161。

3 同 1，册二，页 1294。

4 同 1，册二，页 1341。

5 胡仔《苕溪渔隐丛话·后集》卷三十八引陆元光《回仙录》云，“吴兴之东林沈东老，能酿十八仙白酒。一日，有客自号回道人，长揖于门曰：知公白酒新熟，远来相访，愿求一醉”。主人知非凡人，于是“出酒器十数于席间曰：闻道人善饮，欲以鼎先为寿，如何？回公曰：饮器中，惟鍾鼎为大，屈卮、螺杯次之，而梨花、蕉叶最小。请戒侍人次第速斟，当为公自小至大饮之”。

10-1

金花银蕉叶

纽约大都会博物馆藏

10-2

银釦水晶蕉叶

南京北宋长干寺真身塔地宫出土

时称“稜作”[1]。戴侗《六书故》第四《地理一》“釦”条称之为“金饰器口也”。此所谓“金”，指金属。

章氏随葬物中的银盆一面，圜底、宽沿，口径 22.5 厘米，高五厘米；银唾盂一件，高八厘米，直径 15.7、口径 5.8 厘米；又尺寸不同的银钵两件。银钵应即上文提到与厮锣、唾盂构成组合的钵盂。金属制作的盆器，两宋通常称作厮锣，或作蟖锣、钞锣、沙锣，都是同名异写[2]。“厮锣一面，唾盂、钵盂一副”，如此三事的组合，辽代已经出现，如辽后唐庄宗德妃伊氏墓出土银钵盂、银唾盂、银鎏金摩竭纹厮锣各一件。宋代高丽铜在中土很有声誉，南宋商业手册《百宝总珍集》卷六“手磬”条，冠于说明文字之前的口诀道“手磬不论大与小，要好除非高丽铜”，因此程大昌《演繁露》考索厮锣名称来历，曰后世以黄、白二金锻铸为盆而名作斯罗，乃缘自它初始系由新罗来，不为无因。而若取奢华，则必要金制、银制，以为官宦出行时的随侍用器之一。宋徽宗诏赐蔡京的金银从物，中有

1 《宋会要辑稿·职官二九》“少府监·文思院”，册六，页 3781，上海古籍出版社二〇一四年。

2 相关考证，见扬之水《镣子·厮锣与唾盂、钵盂一副：“金银从物”考》，《南方文物》二〇一五年第四期。

"斯锣一面，唾盂、钵盂一副，盖全"。《高丽史》纪录遣使进奉宋廷诸物中有金鏩锣[1]，绍兴二十六年交趾进奉贺昇平物有"一百二十两数金盘龙沙锣二面"[2]，都是同器异称。金银从物以及作为礼品的斯锣以银制为多，重量每在百两以上，可以推知尺寸不小。

与斯锣一面构成一组盥洗用器的"唾盂、钵盂一副"，则用于清理口腔，钵盂漱口，唾盂承接漱口水。故宫博物院藏李嵩《骷髅幻戏图》，骷髅身边一副担子，担子两端各一个编制的提匣，提梁上又拴了一个提笼，清楚透见提笼里是侧置的盆亦即斯锣一面，又唾盂、钵盂一副（图 11-1）。宋佚名《春游晚归图》中仆从手提如此三事，也是大体相近的安排（图 11-2）。纽约大都会博物馆藏《胡笳十八拍》中"第十四拍"的画面，车舆前面的导从之一乃手奉唾盂、钵盂一副（图 11-3）。

出自章氏墓的器物，似乎没有几件是专属女性的用品。小小一枚银盒，或可视作女子妆具中物。银盒子母口，高三厘米，直径 5.2、口径 4.8 厘米（图 12）。所饰纹样与银长瓶相同，也是龙牙蕙草。从尺寸看，似盛放脂粉一类。

张同之夫妇墓出土器物不以丰富和奢华著称，却是具有士人气息且很有代表性的一批。虽然同之本人没有诗名，但用于随葬的方水滴子、石砚、铜镇尺等文房用具，都是两宋诗词中构筑生活情境的吟咏对象。伴随章氏的诸般饮器如银长瓶、银盘盂、银蕉叶，则是彼一时代的精好之作。与斯锣一面构成盥洗用器的"唾盂、钵盂

1 《高丽史》卷九曰文宗二十六年，"金悌还自宋，帝附敕五道"，其四是详细列出收到的进奉诸物，中有"金鏩锣一只，重一百五十两"。《高丽史》（标点校勘本），页 242，西南师范大学出版社等二〇一四年。按此即神宗熙宁四年事，《宋会要辑稿·蕃夷七》亦载高丽国遣使金悌奉表进物（册十六，页 9956，上海古籍出版社二〇一四年），但未列物品详目。

2 《宋会要辑稿·蕃夷七》，册十六，页 9966，上海古籍出版社二〇一四年。

11-1

《骷髅幻戏图》局部

故宫博物院藏

11-2

《春游晚归图》局部

故宫博物院藏

11-3

《胡笳十八拍·第十四拍》局部

纽约大都会博物馆藏

12

银盒

南宋张同之夫妇墓出土

一副”，是宋元时代的常见组合[1]。此以银制，自然又是见出等级的。总之，一旦获得认知，留驻了历史影像的每一件器物都可以复原一二生活场景，历史便以这样的方式重现和再生。

1 江苏镇江五洲山宋墓随葬品中也正有如此齐整的一副：铜唾盂，高7.1、口径15厘米；铜钵盂带盖（简报称作“盒”），高六厘米，口径6.6厘米；铜盆，高六厘米，口径23厘米。镇江博物馆《江苏镇江五洲山宋墓发掘简报》，页56，图六至八，《文物》二〇一五年第五期。只是这一组合关系以及器物名称长久未被认知。

川南宋墓石刻的世间声色

一、“气象风流久皆在”

蜀中的侈丽繁华以及游宴歌舞的风气之盛，在前、后蜀的时候就已经令人瞩目。前蜀尹鹗《金浮图》上半阕：“繁华地。王孙富贵。玳瑁筵开，下朝无事。压红茵、凤舞黄金翅。玉立纤腰。一片揭天歌吹。满目绮罗珠翠。和风淡荡，偷散沉檀气。”[1] 这是前蜀气象。前蜀亡，这“一片揭天歌吹”复由后蜀接过。宋人尊为词之鼻祖的《花间集》，编纂者便是后蜀卫尉少卿赵崇祚，而他正是后蜀宋王赵廷隐的长子。成都龙泉驿十陵镇青龙村发现的赵廷隐墓出土各式彩陶伎乐凡五十（图1-1～2），是可与文学书写和历史书写互证的实例。宋初置教坊，乐工即来自西蜀和南唐两个词曲中心，而尤以西蜀为多[2]。

游宴歌舞的传统，两宋时候的蜀中愈益发扬光大。岳珂《桯史》卷十三云“蜀伶多能文，俳语率杂以经史，凡制帅幕府之醼集，多用之”。宋杨湜《古今词话》：“成都官妓赵才卿，性黠慧，有词速敏。帅府作会以送都钤帅，命才卿作词，应命立就《燕归梁》云云。

---

1 曾昭珉等《全唐五代词》，页582，中华书局一九九九年。按尹鹗仕前蜀为校书郎，五代何光远《鉴诫录》卷四称他“锦城烟月之士”。

2 吴熊和《唐宋词通论》，页143，浙江古籍出版社一九八五年。

1-1
彩陶伎乐
成都龙泉驿十陵镇青龙村赵廷隐墓出土

1-2
彩陶伎乐
成都龙泉驿十陵镇青龙村赵廷隐墓出土

都钤览之，大赏其才，以饮器数百厚遗，帅府亦赏叹焉。"[1] 所谓"饮器"，虽未言质地，但通常是银器。类似的故事尚有不少。词史上的第一部词学专著《碧鸡漫志》即成就于成都碧鸡坊。王灼《碧鸡漫志·自序》中说道，"乙丑冬，予客寄成都之碧鸡坊妙胜院，自夏涉秋，与王和先、张齐望所居甚近，皆有声妓，日置酒相乐，予亦往来两家不厌也"。"予每饮归，不敢径卧，客舍无与语，因旁缘是日歌曲，出所闻见，仍考历世习俗，追思平时论说，信笔以记"。这里的乙丑，乃绍兴十五年。作者于诗乐、词调的考镜源流，月旦古今，正是立足于成都王、张二友家中品乐听歌的实践。自序之外，作者《戏王和先张齐望》一诗也道得此情此景，"王家二琼芙蕖妖，张家阿倩海棠魄。露香亭前占秋光，红云岛边弄春色"；"谁似两家喜看客，新翻歌舞劝飞觥"。

地处川南的泸州地区繁华富庶不及西蜀，但北宋时候也已是商

1 唐珪璋《词话丛编·一》，页 44，中华书局一九八六年。

贾辐辏，五方杂处之地。宋祝穆《方舆胜览》卷六十二《潼川府路·泸州》一节撷古贤与本朝名人的论说概括泸州形胜曰："东接巴郡，西连僰道，本汉江阳，肘江负山，古巴子国。枕带双流，舟车之衝，最近蛮獠，为边隅重地，权任益重。"北宋唐庚《题泸川县楼》："百斤黄鱼鲙玉，万户赤酒烧霞。榆甘渡头客艇，荔枝林下人家。"诗人又有《赠泸倅丘明善》(二首)，其一云："吴头楚尾秀山川，一分才华占得全。和气暖敷冬有日，清风寒压瘴无烟。分麾共领南门钥，簪笔终归北阙天。寄语江阳夷落道，安排春织待新编。"末句诗人自注曰："育井夷人织蛮布为弓衣，小其文织梅圣俞诗。"[1]泸倅，即泸州通判。"南门钥"，即南门锁钥之意，可见权任之重。这里的"夷落"，当指僚人聚落。蛮布弓衣以梅尧臣诗为饰，则可见"夷落"文风颇盛而情趣不浅[2]。而泸州歌舞之盛也不输西蜀，甚或过之。《赠泸倅丘明善》二首之二即道"歌动竹枝终日楚，笛吹梅弄数声羌"。宋杨湜《古今词话》："涪翁过泸南，泸帅留府。会有官妓盼盼性颇聪慧，帅尝宠之。涪翁赠《浣溪沙》。""盼盼拜谢，涪翁令唱词侑觞，盼盼唱《惜花容》曰：'少年看花双鬓绿，走马章台管弦逐。而今老更惜花深，终日看花看不足。/座中美女颜如玉，为我一歌金缕曲。归时压得帽簷欹，头上春风红簌簌。'涪翁大喜。"涪翁即黄庭坚。南宋李曾伯《过涪州怀伊川涪翁两先生》句云"涪南僻在巴子国，地绝中州少人物。天将儒道淑是邦，曾向先朝处羁客。河南夫子间世贤，山谷老叟人间仙。一时辙迹相继至，顿使光价增山川"；"今踰元祐二百载，草木涪人尚知爱。文章性命虽匪俦，

1 北京大学古文献研究所《全宋诗》，册二三，页 15045，页 15048，北京大学出版社一九九五年。

2 又，欧阳修《六一诗话》："苏子瞻学士，蜀人也。尝于淯井监得西蜀夷人所卖蛮布弓衣，其文织成梅圣俞《春雪》诗。此诗在圣俞集中，未为绝唱。盖其名重天下，一篇一咏，传落夷狄，而异域之人贵重之如此耳。子瞻以余尤知圣俞者，得之，因以见遗。"

气象风流久皆在”[1]。黄山谷因贬谪而至涪南，固是他的人生挫折，却也是“天将儒道淑是邦”，而所谓“气象风流久皆在”，亦为实情，这原因当然更多。刘复生《泸州宋墓墓主人寻踪——从晋到宋：川南社会与民族关系的变化》一文中说道：“入宋以来，随着对‘泸夷’的征战愈发激烈，军事机构和政权建设的加强，城市防御工程的修筑，成为常态的夷汉贸易的扩大，不断迁徙充实到这一地区的民众，包括数量庞大的屯驻军士、政府官员、工役队伍、商人以及他们的家属等人员，后勤供给人员和随行附属人员必然也人数众多，其中有许多人在泸州地区定居下来。……随着泸州权任的加重，大量汉民移居此地，数代之后，形成家族墓葬群。”[2]既有大量移民，则形成地方文化的因素自然是会聚八方。那么可以说，歌舞游宴的传统，能文能诗的蜀伶活跃于官府私第，川杂剧的兴盛发达[3]，兼之山川地土养成的灵心慧质，更有会聚八方的文化交融，这些都是川南宋墓石刻的社会成因和历史背景。

二、一样婵娟别样情

川南宋墓石刻的内容和布局在发展过程中虽已渐趋程式化，但表

1 北京大学古文献研究所《全宋诗》，册六二，页38700，北京大学出版社一九九八年。

2 《泸州市博物馆藏宋墓石刻精品》（泸州市博物馆编），页194，中华书局二〇一六年。

3 蜀僧大觉禅师诗云：“戏出一棚川杂剧，神头鬼面几般多。夜深灯火阑珊甚，应是无人笑倚栏。”薛瑞兆《宋金戏剧史稿》，页91引，生活·读书·新知三联书店二〇〇五年。

2-1

启门

泸县福集镇龙兴村一号墓出土宋墓石刻

2-2

挽幔

泸州博物馆藏宋墓石刻

2-3

捧盒

泸州博物馆藏宋墓石刻

2-4

焚香

泸州博物馆藏宋墓石刻

现形式却很少雷同，同样题材、一样行事，比如启门、挽幔、捧盒、持镜、奉酒、焚香（图 2-1～4），不仅百人百面，姿态相异，年龄有别，且发式、穿戴以及图案中的细部处理也各有区别，正如生活中的家家各不同，颇有他处所不见的丰富。艺术语言则以写实为主，也许很多形象就是身边人物的写真，而非按照流行的审美趣味刻意雕琢，因此女子的面容眉眼，与同时期的其他艺术形式相比，更富于表情，也更见性情，甚且带出一点戏剧性。这里有着工匠的慧黠与幽默，当然更有着对人情的体贴和理解，对世态百相之了然。就墓葬艺术而言，与墓室壁画多为群像不同，石刻每以单体为幅，近乎“肖像画”，那么注重“这一个”，自在情理之中。此外，也与墓室砖雕可以采用模制技术不一样[1]，石刻没有这样的便利，却反而成为创意造言的激励。

此前考证泸州宋墓石刻中的生活故事时，我曾写道，泸州宋墓石刻形象塑造最用心力的，应该说是活跃于不同场景中的男女承直，亦即司马光《涑水家仪》所云“内外仆妾”。人物众多，职掌有别，妆容不一，而人情物态神采各具[2]。关于“内外仆妾”所司之事，黄庭坚也有很是具体的描述，见《跛奚移文》一篇。其中说道，“食了涤器，三正三反，拉拭斶洁，寝匙覆垸，陶瓦髹素，视在谨数，兄弟为行，牡牝相当。日中事间，浣衣漱襦，器秽器净，谨循其初”；“暑时蕴蒸，扇凉蜜冰，薰艾出蚊，冰盘去蝇”。食器洗净擦干，匙则平放，碗则倒扣，陶器、漆器，点数清楚，成双成对，按类归置。而洗浣衣服，清洁秽气，暑天备置冷饮，祛除蚊蝇，也都是日常的工作。《跛奚移文》原是仿汉王褒《僮约》之晓谕仆人，日常的琐琐细细出之以韵语，而成一篇峻整的文字，洪迈乃称它“极文章之妙”（《容斋续笔》卷十五）。仿此，也可以说宋墓石刻中的仆妾是制作者以观察世态之眼驱遣斧凿表现日常琐细而极石雕之妙。泸州博物馆藏一方石刻，桌案两边各一个侍女，其中之一头上巧挽着双髻，当中不偏不倚簪一个花朵儿，穿一领不长不短扣身衫，系一条不宽不窄的腰带儿，斜签了身子，似言似笑，亦言亦笑，精彩更在手指处，——

1　邓菲《试析宋金时期砖雕壁画墓的营建工艺：从洛阳关林庙宋墓谈起》，《考古与文物》二〇一五年第一期。

2　见《“千春永如是日”：泸州宋墓石刻中的生活故事》，收入《泸州市博物馆藏宋墓石刻精品》，中华书局二〇一六年。

手指处，不惟推出远景见得画面之外有故事，并且丰富近景，画面之内也添了情节（图3-1）。南宋万俟绍之有诗题作《婢态》，可以和它同看，诗曰："才入园中便折花，厨头坐语是生涯。不时掐数周年限，每事夸称旧主家。迁怒故将瓯碗掷，效颦刚借粉脂搽。隔屏窃听宾朋语，汲汲讹传又妄加。"[1] 女仆的行事诗笔如画，不过诗作者却是以一个俯看的视角微含讥讽，工匠则是平等亲切的传神写真。以此再看合江博物馆藏一方宋墓石刻，也不免有所会心。方方一块石，中间是女仆形象的一个独幅特写：圆领袍，偏着头，笼着袖，虽是粗笔勾勒，却以身体"表情"与眉眼表情的浑然为一，而成就一副不屑的神情，是态度全出矣（图3-2）。从服饰来看，伊人多半是粗使之仆，即如唐五代之"袍袴"[2]。泸州博物馆藏一方宋墓石刻也很别致，是工匠以爱怜之心塑造的一个奉巾小鬟（图3-3）。"小小年华才月半"[3]，稼轩词中之句或可借

3-1

宋墓石刻

泸州博物馆藏

3-2

宋墓石刻

合江博物馆藏

3-3

宋墓石刻

泸州博物馆藏

1 北京大学古文献研究所《全宋诗》，册四九，页30963，北京大学出版社一九九八年。

2 唐五代所谓"袍袴"，特指一身男装的侍女，唐薛逢《宫词》："遥窥正殿帘开处，袍袴宫人扫御床。"和凝《宫词百首》："袍袴宫人走迎驾，东风吹送御香来。"这也是唐代石刻、雕塑和壁画中经常出现的形象。

3 辛弃疾《蝶恋花·席上赠杨济翁侍儿》。

了字面意来作石刻的榜题。

又有出自泸县牛滩百洋村一组马鞍山的一方宋墓石刻，也是命意尖颖的独幅特写。居室里张着帷幔，一对同心结从帐额前面低垂下来，帐幔的一边已经挽起，开启处现出头挽髻、穿背子的妇人，头微侧，身微欹，一脚跷起，左手轻拉挽系帐幔的结带，右手兜鞋（图4）。看起来此不过日常生活中一个普普通通的场景，殊不知妇人兜鞋是两宋艺文中的一个“典型形象”[1]。且看秦观《浣溪沙》一阕：“香靥凝羞一笑开。柳腰如醉暖相挨。日长春困下楼台。/照水有情聊整鬓，倚阑无绪更兜鞋。眼边牵系懒归来。”再看吕渭老《思佳客》：“梦里相逢不记时。断肠多在杏花西。微开笑语兜鞋急，远有灯光掠鬓迟。/辞永夜，失深期。一枝黄菊对伤悲。夜凉窗外闻裁剪，应熨沉香制舞衣。”[2]而兜鞋的姿态也曾入画图。南宋姚勉有《赞赵直阁所藏四美人图》四首，今图虽不存，但由诗赞可知图画是分别以春、夏、秋、冬布景，绘美人之行事。其一便是《春·兜鞋踏青》，诗曰：“晴丝暖絮浮春光，牡丹醉里微风香。绣帘不卷日低柳，百啭黄莺啼断肠。玉儿步整金莲稳，回首光流花面粉。娇慵欲去未肯行，一径落红愁踏损。”[3]无论诗词还是绘画，也不论兜鞋者是妓女，是思妇，是闺秀，总之它是时人眼中的一种女子“表情”，也是摹写世相中的一分“流行色”。石刻的创作构思很可能既来源于生活，又来源于艺术，其时流行的歌诗、绘画，都是制作者方便取用的当代资源。

服饰的多样，也是工匠的用心之处，且每每由此见出风俗。陆游《入蜀记》卷六说到途经归州所见妇人妆束，“未嫁者，率为同心髻，高二尺，插银钗至六只，后插大象牙梳，如手大”。这样的

1 按此承廉萍学友教示。

2 唐圭璋《全宋词》，册一，页461；册二，页1129，中华书局一九八〇年。

3 北京大学古文献研究所《全宋诗》，册六四，页40517，北京大学出版社一九九八年。

4 宋墓石刻
泸县牛滩百洋村一组马鞍山出土

5 宋墓石刻
泸州博物馆藏

6-1 宋墓石刻
泸县博物馆藏

6-2 宋墓石刻
泸县博物馆藏

打扮当不限于归州一地，头插尺寸超常之大梳子的女子，也见于泸州博物馆藏宋墓石刻（图5）。

相对于生动活泼与百人百面的仆从形象，石刻中主人的姿态多半比较呆板，不过依然会以服饰的多样来刻画形象，若主母，便有团冠、枕冠、折股钗、花钗、凤钗，步摇、璎珞耳坠之类的种种不同。即便同样耳坠璎珞，也有式样之别。泸县博物馆藏两方表现女主人的宋墓石刻，其一耳坠璎珞，其一耳坠上又结了一个方胜（图6-1～2）。同为枕冠、凤钗，式样也各个有别。合江博物馆藏宋墓石刻中的一方，屏风前也是一个两出头的靠背椅，妇人端

6-3

宋墓石刻

合江博物馆藏

6-4

凤钗

湖北蕲春罗州城遗址南宋窖藏出土

坐如仪，头戴枕冠，一枝凤钗横贯其内（图 6-3）。与前举泸县博物馆藏石刻妇人插戴的凤钗不同，这一枝簪首造型是宋代常见的步摇式，——此类步摇的式样乃遥承唐五代花树钗，不过制作工艺和气韵风格已然不同，四川阆中市双龙镇宋墓出土的一对，湖北蕲春罗州城南宋窖藏中的一枝（图 6-4），便是典型的宋代式样，石刻上面妇人的插戴，正与实物宛合。

三、“新翻歌舞劝飞觥”

《全蜀艺文志》卷十七录宋冉居常《上元竹枝歌和曾大卿》三首，其三曰：“珍珠络结绣衣裳，家住江南山后乡。闻道使君重行乐，争携腰鼓趁年光。”[1]所谓“使君重行乐”，乃指成都主政者因每年自正月二日至四月十九日浣花例行主持遨游宴乐，而得“遨头”之名[2]。在一地行政长官的带领下，官民的狂欢一直持续到四月十八的浣花节。这个超长的节日自然为歌舞的创作和出演提供了极好的条件。春日里的成都牡丹会更为之锦上添花[3]。最为奢侈的牡丹会却是在张镃的府第。周密《齐东野语》卷二十“张功甫豪侈”条：“张镃功甫，号约斋，循忠烈王诸孙，能诗，一时名士大夫，莫不交游，其园池声妓服玩之丽甲天下。”“王简卿侍郎尝赴其牡丹会，云：众宾既集，坐一虚堂，寂无所有。俄问左右云：‘香已发未？’答云：‘已发。’命卷帘，则异香自内出，郁然满坐。群妓以酒肴丝竹次第而至，别有名姬十辈，皆衣白，凡首饰衣领皆牡丹，首带照殿红一枝，执板奏歌侑觞，歌罢乐作，乃退。复垂帘，谈论自如。良久，香起，卷帘如前。别十姬，易服与花而出，大抵簪白花则衣紫，紫

1 引自王利器等《历代竹枝词》，页 21，陕西人民出版社二〇〇三年。

2 庄绰《鸡肋编》卷上：“成都自上元至四月十八日，游赏几无虚辰。……元夕，每夜用油五千斤，他可知其费矣。”陆游《老学庵笔记》卷八：“四月十九日，成都谓之浣花，遨头宴于杜子美草堂沧浪亭，倾城皆出，锦绣夹道，自开岁宴游，至是而止。”此风乃始煽于北宋，苏轼作于元祐五年的《次韵刘景文周次元寒食同游西湖》句有“遨头要及浣花前”，其下自注：“成都太守自正月二日出游，谓之遨头，至四月十九日浣花乃止。”风气流布至川南，应该是没有阻隔的。

3 岳密《祝英台·成都牡丹会》：“聚春工，开绝艳，天巧信无比。旧日京华，应也只如此。等闲一尺娇红，燕脂微点，宛然印、昭阳玉指。/ 最好是。乐岁台府官闲，风流剩欢意。痛饮连宵，花也为人醉。可堪银烛烧残，红妆归去，任春在、宝钗云髻。”《全宋词》，册三，页 1743。

7-1 吹龙笛

7-2 击拍板

7-3 击扇鼓

7-4 击扇鼓

合江大桥镇黄包山赵院子宋墓出土石刻

花则衣鹅黄，黄花则衣红。如是十杯，衣与花凡十易。所讴者皆前辈牡丹名词。酒竟，歌者、乐者无虑数百人，列行送客。烛光香雾，歌吹杂作，客皆恍然如仙游也。”循忠烈王即张俊，封循王，谥忠烈。王府豪奢，自非一般乡绅富户可办。不过如本文开篇所及，川南歌舞之盛也是载录于史籍，宋墓石刻中歌舞题材之众，正是这曾经有过的世间声色的写照。泸县石桥镇新屋嘴村一号墓和二号墓出土的歌舞伎乐石刻，《泸县宋墓》一书已有专章讨论[1]。丁酉年春参观合江博物馆，得见出自合江大桥镇黄包山赵院子宋墓的四方伎乐石刻：吹笛者一，击拍板者一，击鼓女乐为一对（图 7-1 ～ 4）。四人都

1　四川省文物考古研究所等《泸县宋墓》，页 136 ～ 145，文物出版社二〇〇四年。

8-1 吹龙笛
南宋安丙家族墓福国夫人李氏墓石刻

8-2 吹龙笛
南宋安丙家族墓石刻

8-3 吹龙笛
南宋安丙家族墓石刻

是朝天幞头，正中大花一朵，击拍板者簪蜀葵，此外三人均簪牡丹。虽未及张功甫牡丹会之万一，但如此“头上春风红簌簌”齐崭崭出现在歌宴舞席，想必也很有“照殿红”的效果。吹笛者手持之笛一端装饰龙头，这一样式的横笛也见于华蓥南宋安丙家族墓中的数方石刻（图8-1～3）。此笛应名龙笛。虽然所谓“龙笛”，长久以来都是用作笛的美称，以喻笛吹如龙吟，不过《元史·礼乐志五》“宴乐之器”一节中列举的龙笛，却是“制如笛，七孔，横吹之，管首制龙头，衔同心结带”。安丙家族墓中的一号墓亦即福国夫人李氏墓中室与后室间的过道左壁石刻，乐伎之一横吹的笛子，正是“管首制龙头，衔同心结带”[1]（图8-1）。可知以龙首装饰笛管而命之曰“龙笛”，当不是自元代始。吹龙笛、执板奏歌之外，这一组中的两方女乐石刻，合起来，则即相向击鼓的一对。女乐手持之鼓下有长柄，式样仿若团扇，它也见于安丙家族墓石刻（图9-1～2）。此鼓应该就是宋人说到的扇鼓。南宋史浩《蝶恋花·扇鼓》：“桂影团团光正满。更似菱花，齐把匀娇面。非镜非蟾君细看。元来却是吴姬扇。/一曲阳春犹未遍。惊落梁尘，不数莺喉啭。好著红绡笼玉腕。轻敲引入笙歌院。”[2]前人考校史浩词中的这一阕，曰词题之“扇鼓”，其制待考[3]。今图像现在睫前，“非镜非蟾”，“元来却是吴姬扇”，“轻敲引入笙歌院”，咏物词实在是历历如绘，旧疑可以冰释了。

本文第一节里说道，歌舞游宴的传统，能文能诗的蜀伶活跃于官府私第，川杂剧的兴盛发达，兼之山川地土养成的灵心慧质，更有会聚八方的文化交融，是川南宋墓石刻的社会成因和历史背景。以整个南宋为底色，从艺文的角度来审视川南宋墓石刻，并兼及“物”的考校，可以发现与“诗”——此所谓“诗”，总括了诗词歌赋与剧曲——相应的许多生活内容，这里有着对细节的格外用心以

1 四川省文物考古研究院等《华蓥安丙墓》，图版二一，文物出版社二〇〇八年。

2 《全宋词》，册二，页1269。

3 葛渭君《词话丛编补编·历代词人考略》附录二《织馀琐述》，页4556，中华书局二〇一三年。

9-1
击扇鼓
南宋安丙家族墓石刻

9-2
击扇鼓
南宋安丙家族墓石刻

及随之而来的于表现内容的择取和表现形式的若干独创。虽然是墓室营建，但设计者和制作者意欲展示的依然是世间声色：快活，明朗，热闹。此外它的难得尚在于，古人言写真，即今所谓“肖像画”，墓葬艺术并不在论列之内，然而掌握此项技艺的画手、刻工数量必然不少，他们与宋人笔下的写真高手当是声气相通，而成为推助肖像画发展的一大批不可忽略的人群，川南宋墓石刻正是出自这样的创作者，今再现世间，对美术史来说，也是具有认识价值的宝贵资料。

一物，一诗，一幅画：

浙江故事的细节阅读

“越地宝藏：一百件文物讲述浙江故事”，是二〇一八年浙江省博物馆举办的一个专题展览，展览导读说它是“以浙江历史发展为基本脉络，通过文物展示浙江历史文化的缩影”。有评论道，“纵观此展，国宝迭出，足见诚意。以百件文物为限，编订六大单元，器类、时间，两条线索交叉互现，可见匠心”[1]。由百件文物，得见浓缩的历史，那么反过来，也不妨以一件文物来铺排细节。百物，是浓缩法；一物，是扩展法，都是神与“物”游、视通万里的读“物”法。一“物”之外，更援引一首诗和一幅画，是因为物中有诗也有画，画中有物也有诗，三者共同组成跨越时间与空间的故事场景。可以说，在“浙江文物”的大题目下，有条条大路，也有无数幽深的小径纵横交错通向古代浙江人的生活。“人”与“物”虽然不是直接对应，但毕竟是浙江人讲浙江故事，甚至不必刻意寻求，在我们熟悉的范围内，便可以请出诗人、画家、工匠来打开闭锁多时的百宝箱。所谓“百宝”，不是珍珠宝贝，而是保存了岁月痕迹的百事百物。

1 丁雨《用一百件宝贝讲述浙江往事》，《北京青年报》二〇一八年七月二十日。

一、“一物”

浙江台州黄岩南宋赵伯澐墓的发现，以保存完整、清理及时而成为近年浙江考古的重要成果。墓主人为宋太祖七世孙，生于绍兴二十五年，卒于嘉定九年。出土文物中最可珍视的是七十余件丝绸服饰，“越地宝藏”展在题作“武林旧事：繁盛都城的时代风尚”部分，展出了其中的几件。此外，又有投龙玉璧一（图 1–1），水晶璧一（图 1–2）。玉璧乃南唐物，有四十九字铭文，言明为“大唐皇帝昪”“设醮谢土”，“投诣西山洞府”，自是珍罕，难得尚在于玉璧与水晶璧出土时均有“丝绳带”系结。系结玉璧的一根，长 232 厘米，系结水晶璧的一根，长 270 厘米。

玉璧（绦环）局部

1-1

玉璧（绦环）与丝绦

浙江台州黄岩南宋赵伯澐墓出土

1-2

水晶璧（绦环）与丝绦

浙江台州黄岩南宋赵伯澐墓出土

先说“玉璧”。按照古玉的形状分类，即《尔雅》所云“肉倍好谓之璧，好倍肉谓之瑗，肉好若一谓之环”，好指孔，肉指轮，则此“玉璧”乃肉好若一，正可谓“环”。“水晶璧”亦然。不过宋元人大约已称此类为璧，方回《续古今考》卷八说道：“古之圭，民间未尝见之。璧以为绦环而已。”方回生活在宋末元初。可用作绦环的璧，它的形状应不是“肉”倍于“好”，而是与赵伯澐墓出土者相当。

再看被称为“丝绳带”者，其名实为“绦”，或写作“縚”，乃野服所用。丝绦与水晶环系结在一起，正是方回所云“璧以为绦环”，而从长度来看，此绦用来系腰也很合宜。

燕居之服，称作野服或道服，又或直掇、直裰。郭若虚《图画见闻志》卷一《论衣冠异制》：“晋处士冯翼，衣布大袖，周缘以皂，下加襴，前系二长带，隋唐朝野服之，谓之冯翼之衣，今呼为直掇。”野服之称，首见于《礼记·郊特牲》。把野服与隐逸的形象括结在一起，大约以《晋书·隐逸》中的张忠传为早。“张忠，字巨和，中山人也，永嘉之乱，隐于泰山”，苻坚遣使征之，“及至长安，坚赐以衣冠，辞曰：年朽发落，不堪衣冠，请以野服入觐。"《晋书》出唐人笔，而沈约《宋书·隐逸》中的戴颙事迹已经描写了身着野服，洒然有出尘之姿的隐者风神。"戴颙字仲若，谯郡铚人也，父逵，兄勃，并隐遁有高名"，"衡阳王义季镇京口，长史张邵与颙姻通，迎来止黄鹄山。山北有竹林精舍，林涧甚美，颙憩于此涧，义季亟从之游，颙服其野服，不改常度"。顺便说一句，戴颙虽为谯县铚人，却是因为"会稽剡县多名山，故世居剡下"，因此也可纳入"浙江故事"。

至于道服，它的基本特征，便如前引郭若虚之语，是"布大袖，周缘以皂，下加襕，前系二长带"，乃宋元绘画常见的形象，只是"道服"之称和它的意义，今人解读这一类图像的时候很少道及。罗大经《鹤林玉露》卷二"野服"一则曰，"朱文公晚年，以野服见客"，并自言缘由，道"其所便者，但取束带足以为礼，解带足以燕居"。作者又述其所见云，"上衣下裳，衣用黄白青皆可，直领，两带结之，缘以皂，如道服，长与膝齐"，又"裳必用黄"云云。若举"浙江故事"中的人物吴兴赵孟頫为例，则他的《自写小像》，所服即为道装（图2），

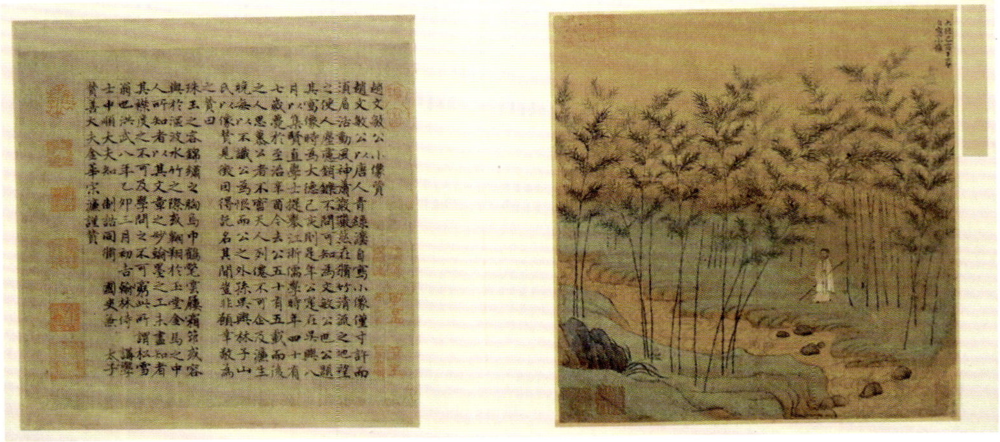

2

赵孟頫《自写小像》

故宫博物院藏

只是此服或被称作“披白衣，扎巾帽”“着宋装”，道服在图像中的文化内涵，在如此解读之下，不免被消解掉了。

道服之于士人的意义，其实屡屡见诸宋人笔端。如范仲淹《道服赞》，其前小序云：“平海书记许兄制道服，所以清其意而洁其身也”，因赞之曰“道家者流，衣裳楚楚。君子服之，逍遥是与”，云云。“清其意而洁其身”，洵为道服之要义。魏野《上知府赵侍郎二首》之一“公退无余事，逍遥只道装”；王禹偁《道服》“楮冠布褐皂纱巾，曾忝西垣寓直人。此际暂披因假日，如今长著见闲身”；陆游《新制道衣示衣工》“良工刀尺制黄绝，天遣家居乐圣时”，所咏也都是这一番意思。赵孟頫书《赤壁赋》卷所绘苏轼像可为宋人诗句作图解。野服也正是在诗笔和绘笔的长久萦回中成为十分明确的角色认定。赵孟頫《自写小像》对幅有明宋濂题赞，云“珠玉之容，锦绣之胸，乌巾鹤氅，云履霜筇，或容与于沤波水竹之际，或翱翔于玉堂金马之中”，不惟服饰态度形容恰切，于画像主人公的生存方式亦揭橥透彻。这里的“鹤氅”，亦道服别称之一，腰间不束带，便略如氅衣，因从道士之衣的鹤氅借意。所谓“或容与于沤波水竹之际，或翱翔于玉堂金马之中”，也正是士人的共同心态，“野服”，则即这一传统理想的“物化”。

绦环和绦钩的流行肇始于宋[1]。服道服，腰间系绦，讲究者便用绦环或绦钩来括结这一根丝绦。不过既逍遥，既闲适，既所以“清其意而洁其身”，金银自然不宜，宋元绦环与绦钩于是多用玉或水晶。《西湖老人繁胜录》“七宝社”条列举各式“奇宝”，中有“玉绦环”；《夷坚志·补》卷二十一“凤翔道上石”一则说到赵颁之在京师时，“玉工来售绦环”。剑环式，是宋元绦环的流行式样之一，如常州武进村前乡南宋墓出土水晶绦环，山西大同元冯道真墓

1　关于绦环的讨论，见孙机《中国古代的带具》，页 284 ～ 287，《中国古舆服论丛》（增订本），文物出版社二〇〇一年。

3-1

玉绦环

山西大同元冯道真墓出土

3-2

元水晶绦环

高安博物馆藏

4-2

玉绦环

金华金东区曹宅镇郑刚中墓出土

4-1

《五百罗汉图》局部

日本大德寺藏

出土玉绦环（图 3-1），高安博物馆藏一枚元代水晶绦环（图 3-2）。小文《常州武进村前乡南宋墓出土器物丛考》曾举出日本大德寺藏南宋周季常、林庭珪《五百罗汉图》中的《僧俗供养》一幅，可见它的佩结方式（图 4-1）。图绘身穿道服的一位信士，腰下系绦，中间用环括结，分垂两边的余绦下缀流苏，应即郭若虚所云“前系二长带”，绦环的质地似可认作白玉。浙江金华金东区曹宅镇郑刚中墓出土一枚剑环式青白玉环，长 6.4、宽 4.1、厚 0.9 厘米[1]（图 4-2）。以这一枚玉环与图画相对看，可以认为此即玉绦环。那么再来看赵伯澐墓出土丝绦，式样与长度，即绕腰一周，括结绦环之后，前垂二长带，也与画图相合。画图作者原是明州（今宁波）的民间佛画家，《五百罗汉图》中的世间情，当也是“本地风光”。

1　浙江省文物考古研究所《浙江宋墓·金华南宋郑刚中墓》，图版五〇：1，科学出版社二〇〇九年。今藏金华博物馆，此为参观所见。据同墓出土墓志，郑刚中生于北宋元祐三年，绍兴二年登进士第，授佐文林郎温州军事判官，累官为监察御史迁殿中侍御史。因忤秦桧，绍兴十七年罢官，卒于绍兴二十四年。绍兴二十六年追复旧职，十月安葬。《宋史》卷三百七十有传。

二、“一诗”

一首诗，便是北宋贺铸的《玉钩环歌》。选取这首诗，第一是因为作者与浙江的关系。贺铸字方回，号庆湖遗老，卫州共城（今河南辉县）人，祖籍会稽山阴（今浙江绍兴）。他在《庆湖遗老诗集自序》中说道，“庆湖遗老者，越人贺铸方回也”，“吾家特会稽一族”，“铸十五代祖，乃秘书外监之从祖弟，讳知止”。秘书外监，即唐贺知章。第二是作者与宋宗室的关系。贺铸六代祖贺景思的长女许嫁赵匡胤，宋立国后追册皇后，因可算作皇后族人。贺铸妻为宗室赵克彰女，克彰，太祖、太宗幼弟魏王廷美之重孙，卒赠济国公，谥良恪。第三，贺家五世任武职，贺铸本人解褐授右班殿直，其后监军器库门、监临城酒税等，俱为武弁，至元祐七年，李清臣、苏轼等推荐入朝为承事郎，始入文阶。然而贺铸却是宋代词坛卓然一大家。他的好友程俱说道，“方回少时，侠气盖一座，驰马走狗，饮酒如长鲸；然遇空无有时，俛首北窗下，作牛毛小楷，雌黄不去手，反如寒苦一书生”（《贺方回诗集序》）。这也正是他的特别之处。

《玉钩环歌》诗前小序曰：“诸王孙士泞澄源，以苍玉螳螂钩见贶，助饰野服，因以珉玉盘、博山炉、成氏箭、建盏、龙茶五物并此歌为报。”诗云：“良工得玉蓝溪窟，相璞命形心匠出。螳蜋倔彊疑有骨，颈系一环犹莫屈。镜湖老狂厌袍笏，素褷缥缁须此物。价比连城不容乞，王孙辍好人所难。何以报之明月盘，薰炉波面山巑岏。吾乡美笴鹍鸡翰，闽瓷兔盌霜毛寒。称是头贡双龙团，聊送公斋增冗长，短歌粗可评珍贶。吾方野装事游放，跼步臞颜曳藜杖，薄暮微吟江汉上。彼渔丈人误相访，谓似三闾大夫样。”诗乃绍圣四年作于江夏，作者时官宝泉监。

赵士泞赠与贺铸的玉钩并环，即所谓“颈系一环犹莫屈”，是觅取美玉，倩良工仿古式而制。无锡市雪浪乡元延祐七年钱裕墓出土一副玉绦环，可为参照（图 5–1）。此钩即螳螂钩式，玉环纹样则是一幅“春水”图。中国国家博物馆藏一副元代玉螳螂钩环，钩身碾制龙纹，背后桥形钮的方孔内套一玉环，是又一种样式（图 5–2）。“以苍玉螳螂钩见贶，助饰野服”，野服的意义，已如前述，那么这一份“珍贶”正是不俗。而用以报谢的珉玉盘、博山炉、建盏、团茶也俱为雅物，自是经过一番挑选。博山炉焚香，建盏、团茶则品茗之尤物，“头贡双龙”，当来自颁赐。珉玉盘可作陈设，也可置果品。至于成氏箭，据诗中形容，是淇水之滨的美竹所制作，或有可能是出自贺铸之督造（贺铸曾任监军器库门，程俱《宋故朝奉郎贺公墓志铭》称他“治戎器，坚利为诸路第一”）。《玉钩环歌》三换韵，意思也有三层。第一是言赠物之好。“王孙辍好”之“好”，从“价比连城”说，可读作“好物”之好（白居易《简简吟》“大都

5-1

春水玉绦环

无锡市雪浪乡元钱裕墓出土

5-2

玉螳螂钩环

中国国家博物馆藏

春水玉绦环背面

玉螳螂钩环侧视

好物不坚牢”）；从“王孙辍好”说，可读作爱好之好，即爱其意蕴。“聊送公斋增冗长”，这里的“长”，是长物之长。末了再说道，野服系钩环，策杖行吟，以如此妆束，而见出遗世独立风骨傲然如屈子。

三、一幅画

一幅画，便是今藏美国纳尔逊艺术博物馆的元刘贯道《消夏图》（图6）。刘贯道与浙江并没有直接关联。画家生卒年无考，关于他的事迹，材料也很少。《消夏图》的名气似远在他的《元世祖出猎图》之下。此幅作品的题材与风格，在元代亦非主流，甚至可以说，画面呈现的更多是宋代气息。若从画中之物读取作意，便可见出它与

6

刘贯道《消夏图》局部

美国纳尔逊艺术博物馆藏

前面所举一物一诗的关系，即它是画家用于造境或曰表现风雅生活的各种“道具”的集成，而一器一物在图式中是赋予了象征意义的。

画中的器物可以别作两部分，一是实景，即画面之前景；一是虚景，即图画之背景，亦即屏风画中物。

实景里的器物，为居于画面左方的一张卧榻，下开壶门，底有托泥。其侧置一踏床。卧榻之端一个带托泥的方案。方案中心部分，一个荷叶盖罐，又露出半边的汤瓶和盏托一摞，此为茶事所需。一具辟雍砚，又书卷二十包裹在竹书帙里，置于砚边，此为书事所需。又满插着灵芝的长颈瓶一，挂着铜钟的乐器架一，是为案头清物。方案之侧一个三弯腿带束腰的四足小几，几上置冰盘，此“消夏”之细务。

屏风画，便是此图之虚景。画面深处又是一架山水屏风，前方卧榻一张，榻上一个小小的书案，案上放着书册、辟雍砚、笔格和笔，案旁一个投壶。主人坐榻，小童手奉博山炉立于侧。画面左边一个方桌，桌边茶盏并盏托凡两副，又一摞茶盏倒扣在桌子中间，此外则食盒一，注碗一，注子一，荷叶盖罐一。桌旁一具有莲花托座的风炉，炉上坐着铫子，一童子手持铫子的长柄方在煎茶。贴着桌脚一个大水盆。虚景与实景中的各项物事，在此构成完整的叙事：理想与当下，是一致的，也是合一的。

再回到实景中的士人：卧榻上面的主人公一身燕居之服，右手轻拈拂尘，左手漫拄书卷，背倚隐囊，一双方舄脱在踏床。隐囊后面竖一把阮咸。细审燕居之服，乃头覆乌纱，乌纱下面戴小冠，冠侧横贯一簪。上身半坦，露出心衣的右侧钩肩，外面罩着的一袭道袍半褪于肩下。道袍当有系腰之绦，而士人右肘的衣袖下方，便正露出丝绦下端的流苏。

《世说新语·巧艺》云顾长康画谢幼舆在岩石里，人问其所以，顾曰：“谢云‘一丘一壑，自谓过之’，此子宜置丘壑中。”与已经成为典故的“幼舆丘壑”不同，《消夏图》中的主人公乃置于士人向往的另一番闲适之境。画家以诸般细节铺陈清雅，几乎在在有所依据——有来自诗的故典，有来自物的古意——且颇存宋院画的体物精微和造型准确。那么也可知《消夏图》主人公的小冠、乌纱，心衣、道袍乃至微露于衣下的系腰之绦，实在无一闲笔，是以士人唱赞的野服写其精神，写其潇洒闲适之境。

赵伯澐的丝绦，贺铸《玉钩环歌》中相互赠答的物色与诗情，会聚在《消夏图》里，虽然三者之间的联系是虚线，但它串联起来一脉不断的宋元士风，却是很真实，因为三事中的每一事，后面都有更多的实例可为支持。

余絮

书写，乃士人生活之日常，笔、墨、砚之外，纸的选用自然也有一番讲求。《清异录》卷下“砑光小本”一则曰：“姚颛子侄善造五色笺，光紧精华。砑纸版乃沉香，刻山水林木，折枝花果，狮凤虫鱼，寿星八仙，钟鼎文，幅幅不同，文缕奇细，号砑光小本。”潘吉星《中国科学技术史：造纸与印刷卷》中引述此节，并解释道：“姚颛，字万真，长安人，举进士，任后梁、后唐及后晋三朝要职，其子名姚惟和。姚惟和与其兄弟在姚颛府第内造出可称为历史上最精美的砑花纸。”“造纸时间大约在九三四至九三六年。他们以带有香味的沉香木为雕版，先由画师画出山水、树木、折枝花果、狮凤、虫鱼、寿星、八仙、钟鼎文等画稿，再由刻工按画稿逐一刻在雕版上，最后将雕版置于纸上强力压之，则所有图画或钟鼎文都显现于纸面，迎光视之，十分精美。我们可将此称为无墨印刷，即无须任何墨料而使雕版文字、图案呈现于纸上。”台北故宫博物院曾经举办一个“宋代花笺特展”，作为展品的二十余件宋人墨迹，所使用的都是花笺，原是通过特殊的摄影手段，拍摄出肉眼不易察觉的花笺图案。于是见出薛绍彭《元章召饭帖》所用砑花笺为铜瓶梅花，张即之《致殿元学士尺牍》所用砑花笺为莲池图，黄庭坚《自书松风阁诗》，则为秋瓜图，诸如此类[1]。策展人提出："这些出现在文人尺牍上的纹饰，与当时的器物、服饰、家具等的关系如何？"

这是一个很有意思的问题。其实每一种图案都可以找到它在当日的流行情况，可见这一份士人偏占的风雅，却不妨贴近时尚。这里且说砑花笺中的对蝶纹，因为——或许是巧合——皆与浙江有关。

对蝶图案是风行于唐宋时代的一种装饰纹样，瓷器所见尤多，又或取此式制为佩件。出自辽宁朝阳北塔天宫的一枚辽代玉对蝶，两只蝴蝶的尾部分别做出一个环孔，相对处蝶须间的小孔里穿系银丝，正是佩饰的形制（图 7-1）。对蝶纹样在宋代又有名曰孟家蝉，虽然或与史事相连称它为谶语[2]，然而这一纹样却是盛行不衰，且使用颇为广泛，与辽代玉对蝶相似的银对蝶也成为风行的女子佩饰，浙江出土者即不止一例（图 7-2）。而出自浙江大学北宋一号墓的银对蝶，是置于银釦定窑白瓷粉盒里（图 7-3），虽然很可能是偶然，却更像是在回应一个唐代的传说。段公路《北户录》卷三"鹤子草"条曰：鹤子草，蔓花也，"草蔓上春生双虫，常食其叶，土人收于奁粉间，饲之如养蚕法，虫老不食而蜕为蝶，蝶赤黄色，女子佩之，如细鸟皮，号为媚蝶"。

使用或曰选取对蝶纹砑花笺作书者，便是蔡襄，为《致通理当世屯田尺牍》一通（图 8），它也称"思咏帖"，乃名作。书云："襄得

1　何炎泉《暗花疏影：宋代砑花笺纸之制作工艺与书写文化》，载《宋代花笺特展》，台北故宫博物院二〇一七年。

2　北宋朱彧《萍洲可谈》卷一："孟氏作后，京师衣饰画作双蝉，目为孟家蝉，识者谓蝉有'禅'意，久之后竟废。"

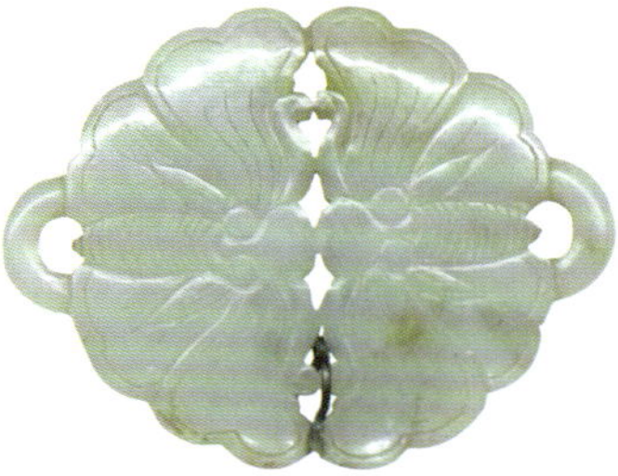

7-1

玉对蝶

辽宁朝阳北塔天宫出土

7-2

银对蝶

湖州龙溪乡三天门宋墓出土

7-3

银对蝶与粉盒

浙江大学北宋一号墓出土

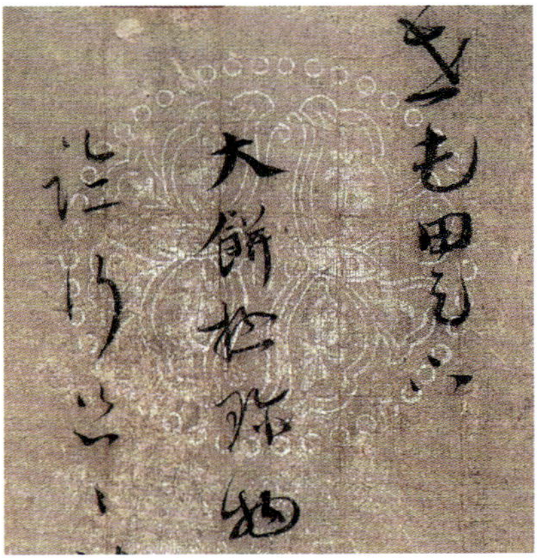

8

蔡襄《致通理当世屯田尺牍》局部

台北故宫博物院藏

足下书，极思咏之怀。在杭留两月，今方得出关。历赏剧醉，不可胜计，亦一春之盛事也。知官下与郡侯情意相通，此固可乐。唐侯言王白今岁为游闰所胜，大可怪也。初夏时景清和，愿君侯自寿为佳。襄顿首。通理当世屯田足下。大饼极珍物，青瓯微粗。临行匆匆致意，不周悉。”收书人冯京，字当世，以三魁天下而有“冯三元”之称。皇祐三年四月，蔡襄去杭，致书与冯，并赠以“大饼”亦即大龙团茶以及青瓷茶盏。唐侯即唐询，时为福建路转运使。“王白今岁为游闰所胜”，乃闽中斗试贡茶事，王、游二氏皆建溪壑源产白叶茶之园户。这里视为极珍的“大饼”与贺铸《玉钩环歌》中的“头贡双龙”，也是一个呼应。青瓷茶盏当是蔡襄“在杭留两月”所得，应出自当地。砑花笺选取的花色多为当日流行的装饰纹样，对蝶纹即其一。这一通写于杭州的书札，笺纸从何而来，尚不能知晓。鄞县（今浙江宁波）高似孙作《剡录》，卷七中的一节以“纸”为题，从剡藤、剡纸、剡硾等等一路数下来，直到罗笺，道：“苏易简《纸谱》曰，蜀人造十色笺，其文谓之鱼子笺，又谓之罗笺，剡溪有焉。”罗笺的制作方法与砑花笺很是接近乃至相通。前面提到的金华郑刚中有诗题作《希父删定惠近诗一轴成四韵谢之》，起首即道“小砑花藤字画精”。那么对蝶纹砑花笺，焉知不是出自有造纸传统且流行对蝶佩饰的越地呢。

步摇花与步摇冠

一、步摇花

步摇与步摇冠，并不是新的议题，作为奠定研究基础的经典论述，孙机先生《步摇·步摇冠·摇叶饰片》一文刊发于《文物》一九九一年第十一期[1]，距今已近三十年，其间更有不少学人参与讨论。这里只是就近年观摩所见，略申关于这一话题的若干未尽之意。

步摇的名称出现在汉代，虽然《古文苑》所收宋玉《讽赋》中有“主人之女，垂珠步摇”之句，不过该书晚出[2]，系于宋玉并不可靠，不可作为“步摇”之称出现在战国的书证。东汉刘熙《释名·释首饰》：“步摇，上有垂珠，步则摇动也。”长沙马王堆一号西汉墓出土帛画所绘墓主人，头上插一枝花树一般的饰物，似即步摇之属（图1）。出现在东晋顾恺之《女史箴图》（唐摹，今藏大英博物馆）和《列女仁智图》（宋摹，故宫博物院藏）中的步摇，与它也很是相似。这一类步摇的插戴当有钗脚，即如同簪钗。《西京杂记》卷二曰赵飞燕为皇后，其妹赵昭仪所上贺礼中有“同心七宝钗、黄金步摇”，步摇与同心七宝钗并举，似乎性质相类。梁简文帝《答新渝侯和诗书》云诗

1　后收入《仰观集：古文物的欣赏与鉴别》，文物出版社二〇一二年。

2　相传为唐人旧藏本，北宋孙洙得于佛寺经龛中，所录诗文，均为史传与《文选》所不载。

1 帛画 长沙马王堆一号西汉墓出土

中美人“九梁插花，步摇为古”，所谓“梁”，当指钗梁，是也将步摇归作钗属。金步摇或是用片材剪制而成。南朝沈满愿《咏步摇花》：“珠华萦翡翠，宝叶间金琼。剪荷不似制，为花如自生。低枝拂绣领，微步动瑶瑛。但令云髻插，蛾眉本易成。”可知剪制出来的步摇花有花且有叶，乃系于细软而长的枝条。“但令云髻插”，则它当有插戴用的脚，她的《戏萧娘诗》“清晨插步摇”，又王枢《徐尚书座赋得可怜》“飞燕啼妆罢，顾插步摇花”，也都是同样的意思。甘肃高台地梗坡魏晋四号墓出土一件金花，是五枚叶片合抱的一束，五根花茎从中心宛转探出，穿起金箔制成的花朵，然后在花心里绕作环状。此环当是用于悬缀摇叶（图 2-1）。稍早于此，有凉州红花村出土时当东汉晚期的一枝金花，花枝披垂四片肥大的叶子，叶尖做出小圆环，

2-1 **步摇花**
甘肃张掖高台地梗坡四号墓出土

2-2 **步摇花**
甘肃凉州红花村出土

环内原当缀物。八条细茎擎出花蕾三个，花朵四枚，一只口衔摇叶的小鸟停在当心一茎，鸟身用粟粒点缀，尾羽上面粟粒围护一个水滴式石碗，嵌饰已不存，尾巴尖上也有用于悬挂坠饰的小环（图 2-2）。出自地梗坡的金花当与它同类，即均为步摇之属，也都是剪制而成的金叶间“金琼”，因不妨名作“步摇花”，只是以小鸟口衔的摇叶是圆形见出与中原和南方不同而别有所取。

自两汉至魏晋南北朝，步摇花的式样当有所变化且不止一种，或者还会有地域之别。前举两例，中原和南方的两晋南北朝遗存中迄未发现同式者，所见多为有可能用于步摇花的金花钿和金摇叶。步摇花的形制之一，大约如北魏司马金龙墓出土漆画屏风中的女子插戴（图 3），而屏风画原有不少取自南朝的绘画元素。作为步摇花构

3

漆画屏风局部

北魏司马金龙墓出土

件的六瓣小金花和一端有细孔的心形金叶，出土于魏晋墓葬者数量不少。河南卫辉大司马墓地晋墓 M18 出土心形摇叶五枚[1]。南京郭家山东晋一号墓出土心形摇叶五十二枚，中有穿孔的六瓣金花二十四枚，金花直径 1.7 ～ 1.9 厘米，共重 11.7 克[2]（图 4-1 ～ 2）。南京大学北园东晋墓出土大小三十二枚金摇叶，“均用薄仅 0.3 毫米左右的金片剪成，尖端有小孔，可以穿系……大的长 1.6、宽 1.3 厘米，重 0.23 ～ 0.3 克不等；小的长 1.3、宽一厘米，重 0.12 克左右”。又有“花瓣形金片十片，均作六瓣形，径 1.7 厘米，中有小孔，其薄如纸，重仅 0.18 克，系模制而成”。[3]（图 4-3）湖北鄂城时代为三国孙吴直至六朝的八座墓葬分别出土心形摇叶七十一枚，其中 M1002 与三枚金钗同出的十枚，均位于主人头部[4]。又有东魏茹茹公主墓出土心形

---

1 河南省文物局南水北调文物保护办公室等《河南卫辉大司马墓地晋墓（M18）发掘简报》，页 19，图八、图九，《文物》二〇〇九年第一期。

2 南京市博物馆《六朝风采》，图一四七，文物出版社二〇〇四年。

3 南京大学历史系考古组《南京大学北园东晋墓》，页 43 ～ 44，《文物》一九七三年第四期。

4 南京大学历史系考古专业等《鄂城六朝墓》，页 256，图版九五、九七，科学出版社二〇〇七年。

4-1

金钿

南京郭家山东晋一号墓出土

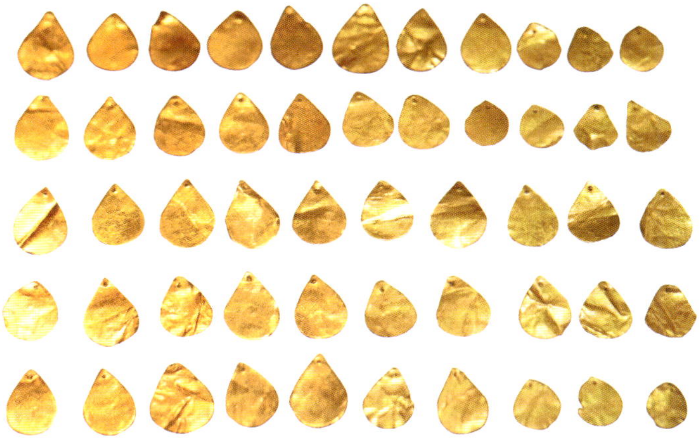

4-2

金摇叶

南京郭家山东晋一号墓出土

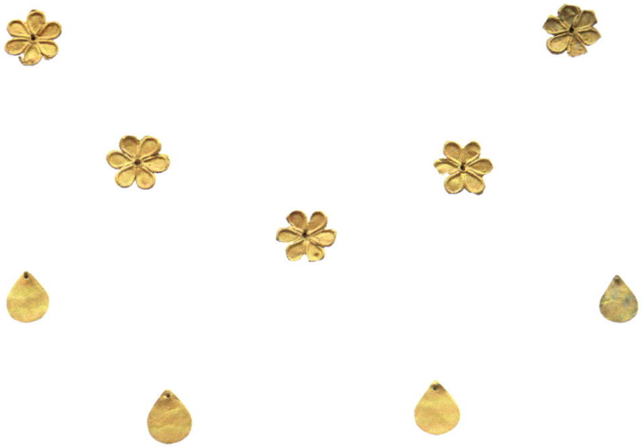

4-3

金钿与摇叶

南京大学北园东晋墓出土

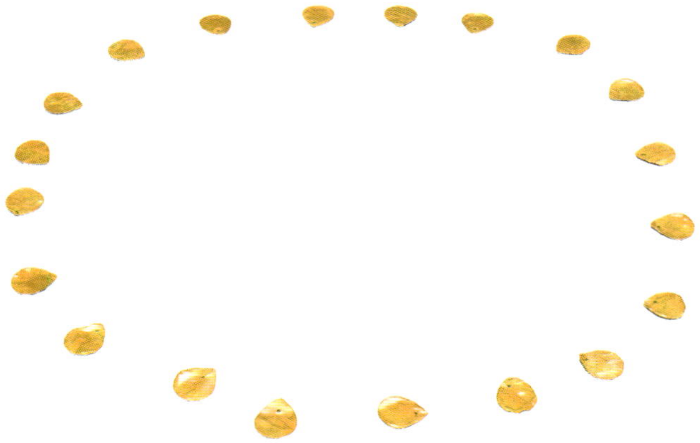

5 金摇叶 河北磁县茹茹公主墓出土

摇叶四十三枚[1]（图5）。当然金花和摇叶都不是步摇专用，原通用于其他，而金花尚可单独为饰，金花上面嵌宝，便名作金钿，也是魏晋南北朝流行的饰物，即如梁简文帝《七励》摹绘舞女妆容所云“金钿设翠，步摇藏花”。摇叶的使用就更为广泛。

步摇花的插戴当属女性，如前举诗文所咏。它由极轻极薄的金花钿与金摇叶组合而成，自有“步则摇动”的效果，却未必俱如古式而垂珠。梁刘遵《相逢狭路间》“所恐惟风入，疑伤步摇花”，即言步摇花随风而动且易伤损的特质。

魏晋南北朝流行的步摇花，到了唐代似已不见，虽然步摇之称始终活跃在诗文，但或者是用典，或者是指有垂饰的簪钗。如此，我们不妨把西安隋李静训墓出土一枝悬系春幡的步摇花视作古式的“曲终奏雅”[2]。步摇花以一枚金片为托，其上焊接五个圆管，数枝银鎏金六瓣花集作五束，分别插在各个圆管内蔚作一片半月形的花

1 磁县文化馆《河北磁县东魏茹茹公主墓发掘简报》，《文物》一九八四年第四期。按文中仅云“金花片，四十五片，形体单薄细小”（页7），未刊发器物图。

2 今藏中国国家博物馆，以下叙述为观摩实物所得。

6

步摇花

隋李静训墓出土

丛，薄银片做成花朵，花茎从花心穿入，花心多缀珠为蕊，又有嵌宝和嵌玉各一枚点缀其间。每一枝花茎在接近底端的地方都弯作螺旋状，是为了生出颤动的效果。花丛之上一根银丝高高挑出一只采花蝶，蝴蝶下方，五颗珍珠为系，悬缀一枚宽而长的银幡。此外尚有细而窄的银幡三枚系在花枝上，由脱落的残件来看，细窄之银幡原初当为四枚。用作钗托的金片以连珠纹勾边，边框内錾刻花叶，中间焊一个扁管，钗脚三枝相连，上方挺出一股插入扁管，不过均已残断（图6）。李静训九岁夭折，她的外祖母是隋文帝长女、周宣帝皇后杨丽华，母为周宣帝之女宇文娥英，皇家贵胄，随葬物自是不同凡品，这一枝步摇花便如同聚珍一般集各种华美于一身。悬系银春幡也是用着步摇花每有坠饰的传统做法，更因下葬之日为大业四年十二月廿二日，次日便是立春之故。流行于魏晋南北朝的步摇花式样没有这样繁丽，工艺或也不及它的精细，但花朵和花茎的系连方式大约相去不远。顺便说到，这一件步摇花，沈从文《中国古代服饰研究》称它为“闹蛾儿扑花首饰”，发掘报告称作“发饰”[1]，出土时六瓣花已有部分脱落，正如两晋墓葬常见的情形。

二、步摇冠

两汉魏晋南北朝时期，同样以步摇为名者又有冠饰。《续汉书·舆服志》曰皇后入庙服，“假结，步摇，簪珥。步摇以黄金为山题，贯白珠为桂枝相缪，一爵九华，熊、虎、赤罴、天鹿、辟邪、南山丰大特六兽，《诗》所谓‘副笄六珈’者，诸爵兽皆以翡翠为毛羽。金题，白珠珰，绕以翡翠为华云”。《晋书·舆服志》与此大致相同而字句略有异，如“步摇，俗谓之珠松是也”，“八爵九华”。步摇而有山题，那么当是下有博山式基座，如此形制，自须附着于冠或帼方可成为首饰。“珠松”之称可与“贯白珠为桂枝相缪”相与会意。只是此番叙述引《诗》之“副笄六珈”，不过表明从古之意，其实步摇的一系列物事以及构成方式，均非源自《诗经》时代的传统。

步摇冠，《晋书》卷一〇八《慕容廆载记》提到，曰慕容跋魏初率其部入居辽西，“时燕代多冠步摇冠”。《步摇·步摇冠·摇叶饰片》一文最早指出步摇冠有来自域外的影响，并举出相关的实例是顿河下游新切尔卡斯克的萨尔马泰女王墓中出土的金冠，年代为公元前二世纪。由俄罗斯学者对它的复原研究，可知金冠上方的装饰物原是六个动物和七株树，表现一个仪式场面，仪式中神兽走向生命之树。两侧各有两只口衔圆环的小鸟，冠口分作三段，各由两枚

1 中国社会科学院考古研究所《唐长安城郊隋唐墓》，页18，文物出版社一九八〇年。

7-1 步摇冠
萨尔马泰女王墓出土

7-2 步摇冠复原

7-3 步摇冠饰物的插接

片材扣合而成，然后系连为一，上缘预设插孔固定神兽与生命树，下缘垂系一溜尖底瓶式的吊坠。现存的鹿和盘羊嘴边都衔一个小环，树上枝条之端做出的小环里垂挂錾出叶脉的心形叶片[1]（图7-1～3）。垂

1 伊琳娜·彼得罗芙娜·扎谢茨卡娅《霍赫拉奇墓葬：新切尔卡斯克藏品》，国立艾尔米塔什出版社二〇一一年。

8
步摇冠
阿富汗席巴尔干六号大月氏墓出土

步摇冠背面局部

系圆形摇叶的金冠，有阿富汗席巴尔干六号大月氏墓出土的一件，时代为一世纪前期。这一件金冠近年曾分别在故宫博物馆、成都博物馆、深圳博物馆、湖南省博物馆等处展出，因得以多次近距离观摩。金冠上的五簇花树下方均有基座，惟置于中间的一簇基座式样与旁侧者有别，满缀摇叶和花朵的花树之端各有一对鸟，鸟嘴也衔着摇叶。花树和口圈的背后都焊接小金管，一根金钎子从上往下贯穿金管，花树便与口圈固定在一起。花树高 13 厘米。金冠口圈两端有小环，其表密缀花朵和摇叶，通长 45 厘米（图 8）。花树基座，用《续汉书·舆服志》的说法，则即“山题”。以此为参照，可以从《舆服志》的文字里找到几点相合之处，然而从分解图来看，中间一树除外，分置于两侧的花树造型均取式于生命树。又有出自四号墓的一

9-1
金摇叶饰・左
和田博物馆藏

9-2
金摇叶饰・右
和田博物馆藏

9-3
金摇叶饰
和田博物馆藏

树穿系珍珠的金步摇，或推测它是与同墓所出金盘羊构成组合，即以中空的树干插入盘羊弯角间的一个小管里[1]。因此它虽然同《续汉书・舆服志》中的文字描写仿佛相若，但造型与形制恐怕相去很远。换句话说，《舆服志》所云皇后入庙服之步摇未必与此式金冠相似。当然步摇冠与摇叶之东传是毫无疑问的，考古发现的汉魏晋南北朝遗存中，即有数量不少的步摇冠构件，只是地域、族群乃至部落不同，式样以及摇叶的造型和系缀方式也有异。

（一）和田博物馆藏金摇叶饰品一组四件[2]，其中三枚很可能原初也是步摇冠上面的饰件，时代约当一世纪。两枚左右对称口衔摇叶枝的鸟喙兽首依然源出格里芬，不过把头顶的连体鸟头变化为戴着花冠的两对长颈鸟（图 9-1 ~ 2）。另一枚则是又一种方式的变体：兽首张口露齿，头顶弯角，顺着身体弧线的一溜镂空草叶，似兽之鬣，似鸟之羽，带着鼓翼连云之势（图 9-3），从它的造型来看，当日应该不止一枚。此

1　清华大学艺术博物馆《器服物佩好无疆：东西文明交汇的阿富汗国家宝藏》，上海书画出版社二〇一九年。

2　上海博物馆《欧亚衢地：贵霜王朝的信仰与艺术》，上海书画出版社二〇一七年。

9-4 金镶宝摇叶耳饰 和田博物馆藏

外一枚金镶宝摇叶耳饰（图 9-4），或是悬系于冠而垂在耳畔，即如席巴尔干大月氏墓出土首饰复原后的样子，它自然也当成对。

（二）内蒙古通辽市科尔沁左翼后旗拉哈乌苏毛力吐嘎查发现一件金凤鸟步摇，原出自东汉早期到中期的鲜卑墓葬。凤身是由两枚金片打制成形然后扣合成型，尾羽和双翅都是另外打制出来并系缀摇叶，再插接于凤身，下方一枚金片作为底座。通高 5.3 厘米，重 18 克。（图 10）从形制看，它应是冠顶之饰[1]。

10 凤鸟形步摇冠饰 通辽科左后旗毛力吐出土

（三）包头市达茂旗西河子窖藏出土西晋时期的金步摇两对[2]，步摇下端为山题，一对山题是马头，一对为牛头。上方花树一般的枝条表面"双钩"金粟，金粟勾出的三叶花内嵌宝，枝条之端的圆环里悬缀摇叶（图 11、12）。

（四）与此形制相类而风格不同的十余枝金步摇，发现于辽西地区的三燕墓地[3]。步摇之山题类似博山，或光素无纹，或镂空好似两对飞鸟，上为枝条伸展的高树，略如《续汉书·舆服志》所谓"桂枝

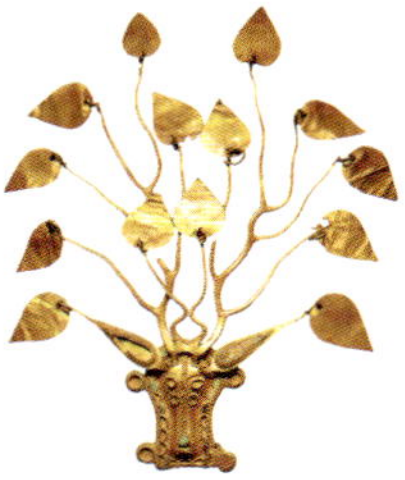

11 马头步摇一对 包头市达茂旗西河子窖藏

1 赵雅新《科左后旗毛力吐发现鲜卑金凤鸟冠饰》，页 40，《文物》一九九九年第七期。

2 陆思贤等《达茂旗出土的古代北方民族金饰件》，页 82，《文物》一九八四年第一期。

3 辽宁省文物考古研究所《三燕文物精粹》，辽宁人民出版社二〇〇二年。

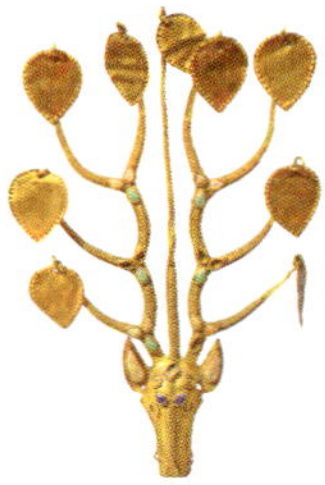

12 **牛头步摇一对**
包头市达茂旗西河子窖藏

13 **金步摇**
辽宁朝阳十二台砖厂东晋墓出土

14 **金步摇**
辽宁朝阳他拉皋镇西团山鲜卑墓出土

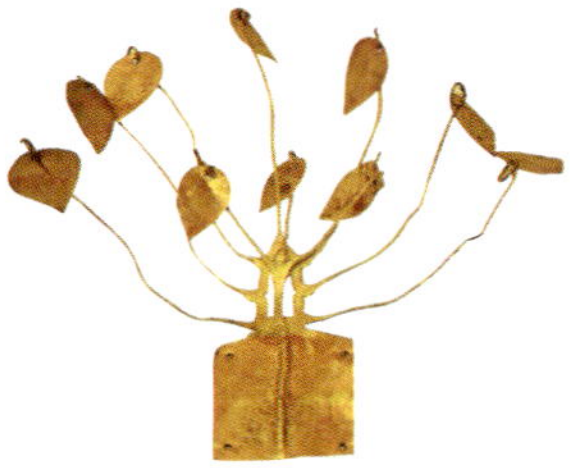

15 **金步摇**
辽宁北票喇嘛洞七号墓出土

16 **金步摇**
辽宁北票房身村二号墓出土

相缪”，高树的每根枝条都绕出若干圆环，环内挂摇叶。也有简约的做法，便止于枝条之端绕环缀叶。摇叶虽然是心形，却是与前举出自中原和南方晋墓的心形摇叶不同，即摇叶的尖儿一律向下，正仿佛萨尔马泰金冠生命树上的摇叶之简化（图 13 ~ 16）。又有北票房身村

17
金步摇饰件
辽宁北票房身村东晋墓出土

18
带形饰
吉林集安禹山墓区太王陵出土

19
新罗时期的步摇冠
韩国庆州校洞出土

出土缀摇叶金饰残件（图 17），推测这一类摇叶所依附的条形金片或为步摇冠的冠口[1]。发掘简报云，“花蔓状金饰两件。长条形金片，上有钻孔，钻孔处系有圆形小金片多枚，共存四段，原物似属两件。可能是冠上的围饰，与前项金饰共用的。最长 28、最短的 2.1 厘米”[2]。所云“前项金饰”，即两件步摇。这一推测当可成立。不妨更举一例。吉林集安禹山墓区太王陵出土铜鎏金“带形饰”两件，器表均缀摇叶，其一长约 37.4、宽 3.5 厘米，其一长 38、宽 3.3 厘米[3]（图 18）。对

1 徐秉琨《步摇与慕容鲜卑》，辽宁省博物馆《北燕冯素弗墓》，页 293，文物出版社二〇一五年。

2 陈大为《辽宁北票房身村晋墓发掘简报》，页 24，《考古》一九六〇年第一期。

3 吉林省文物考古研究所等《集安出土高句丽文物集粹》，页 104，科学出版社二〇一〇年。

照韩国庆州校洞出土新罗时期的步摇冠（图19），太王陵出土的“带形饰”，似即步摇冠的冠口。那么北票房身村出土金步摇若与“花蔓状金饰”构成组合，便正是一顶步摇冠。

更晚于此的实例，为北票西官营子北燕文成帝冯跋的长弟冯素弗墓出土一件金步摇冠架，虽已非完品，但尚可得其大略，可视作样式之一。两根细窄的金条一长一短，十字交叉成为下方梁架，若平置，则尺寸短的一根一端是抬起来的，推测此或为冠之当面。梁架顶端一个合钵式扁球，上面又是一个小金碗，一枚细金管从金碗底心贯穿至梁架交叉处的背后，金管上下两端分别剪作三歧将三物固定。六树金丝制成的摇叶枝下端锤扁，以金钉自内向外一一铆在碗壁，金枝各个弯出三个小环，环里挂摇叶，六树原当有摇叶十八枚，今存十三。全器连枝高约二十五厘米（图20）。早于它的朝阳十二台砖厂东晋墓出土金步摇残件，也是大致相同的结构方式。出自冯素弗墓的又有一件金蝉珰，高7.1厘米（图21），《三燕文物精粹》中的一幅图版将蝉珰置于步摇冠架之前，是它的想象复原，而正有诗句可以为之写照，便是北周王褒《日出东南隅行》所云“银烛附蝉映鸡羽，

20
金步摇冠架
北燕冯素弗墓出土

21
金蝉珰
北燕冯素弗墓出土

黄金步摇动襜褕”，此乃为显贵之少年英俊画像。这里的“银烛”，指《拾遗记》卷五中说到的浮忻之国所贡兰金之泥，“金状混混若泥，如紫磨之色，百铸，其色变白，有光如银，即‘银烛’是也”。王褒原出于世家大族琅琊王氏，自南梁入西魏，再入北周，现存作品大部分写于北朝时期。这一首未知写作时间，不过“银烛附蝉映鸡羽，黄金步摇动襜褕”当非南朝服饰，因为黄金步摇在南朝是女性插戴。虽然诗作与冯素弗的时代相去百余年，但即便不是眼前实景，却也是并不失真的历史记忆。而曾一度入西魏的陈朝诗人沈炯《长安少年行》中也有“步摇如飞燕”之句。

如《步摇·步摇冠·摇叶饰片》一文所讲述的传播路线，萨尔马泰即我国史书所称奄蔡。《史记·大宛列传》曰“奄蔡在康居西北可二千里，行国，与康居大同俗”，又曰康居“与月氏大同俗”，那么月氏亦应与奄蔡“大同俗”，这样，吸收对方的文化自然较为顺利。步摇冠和摇叶即由此一路东传，而依不同的水土蕃衍出不同的花木，有的甚至已与原型相差很远。以上所举，是其大要，或约略可见同源不同流之概。（一）、（二）、（三）组实例以数量而言，均不成规模，且失去出土信息，无法构成完整的历史叙事。相对来说，流行于三燕时期慕容鲜卑的步摇冠面貌比较清晰。它有来自异域的影响，但已成就自家特色。生命树的色彩在传播途中逐渐褪色，造型至此也完全改变。诗歌中留下的一二影像昭示它为男子所服，这一风习又或延续到北朝。入唐，此类步摇冠迹近消泯，只是在辽代契丹贵族首服中尚存一点遗响，出自辽宁凌源小喇嘛沟辽墓的一顶银鎏金男式凤冠，冠顶立凤口衔摇叶之外，十数枚镂空花片组成的冠体更以“螺丝”悬缀二十七个舞凤纹摇叶（图22），宋绶使辽，归来言契丹风俗，所云“汉魏时辽人步摇冠之遗象”，或即指此。

两汉、魏晋南北朝时期流行于中原和南方的步摇花或简称步摇，与北方地区的步摇冠虽然系缀摇叶的做法相似，却是各有发展演变

22
银鎏金男式凤冠
辽宁凌源小喇嘛沟辽墓出土

的线索。步摇花依然是女子首饰，大约只是把来自异域的摇叶移植到原有的簪钗中。后世“步摇”之名则延续它本来的发展线索成为簪钗样式之一种，即簪首或钗首饰物有“步则摇动”之意趣的一类，并且随簪钗风格的演变而不断翻新。

『博鬟』造型溯源

北京定陵出土孝靖后点翠镶宝十二龙九凤冠、三龙二凤冠与孝端后的九龙九凤冠（图1-1～2）、六龙三凤冠，人所熟知，经过修复的原物或复制品长期分别展陈于三个收藏单位，是导游常常引领观众驻足的地方。凤冠偏向后方的左右两侧各有三扇博鬓，其中的十二龙九凤冠博鬓上镶金龙、嵌宝花，珠子缘边，下方更垂珠结，晶艳晖盈，看去自有沉甸甸的分量。这是纳入舆服制度的饰物，自《隋书·礼仪志》进入礼制，即皇后、皇太后、三妃、美人、才人、皇太子妃，首服俱有“二博鬓”，之后博鬓的使用便为历代相沿。

然而博鬓的由来究竟如何以及凤冠为什么会生出如此样式的附加装饰（特别是这一附加的饰物显得很不自然，也不很合理），似乎未见解说。而各种词典多未将“博鬓”列入词条，所见只有《中国文物大辞典》。该书“博鬓”条释曰：“冠两旁两片叶状的宝钿饰物，后世谓之掩鬓。”[1]似未得要领。如果为它补充书证，那么可援引两则，一是明顾起元《客座赘语》卷四说到的“掩鬓或作云形，或作团花形，插于两鬓，古之所谓‘两博鬓’也”。一是明王圻《三才图会》中绘出的“两博鬓”，造型正如朵云，图下注云：“两博鬓，即今之

1 中国文物学会专家委员会编《中国文物大辞典》，中央编译出版社二〇〇八年。

1-1 金镶宝珠点翠九龙九凤冠

北京定陵出土

1-2 金镶宝珠点翠三龙二凤冠

北京定陵出土

2-1

战国玉饰

南昌海昏侯墓出土

2-2

战国玉饰

华盛顿弗利尔美术馆藏

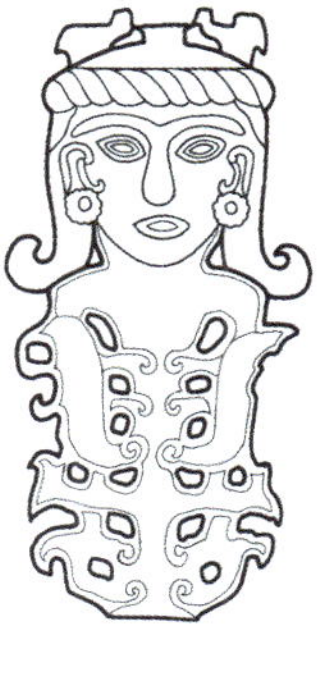

3

玉人（商周）

故宫博物院藏

掩鬓。”然而博鬓与掩鬓显然不是一物，而且并非“古”“今”异称。明建文刻本《皇明典礼》“妆奁”之“首饰冠服”一项有“珠翠九翟博鬓冠”，又有“金掩鬓一对”[1]。可知博鬓为冠饰，掩鬓为发饰，两物同时存在，各有其式，各有其名。仅从字面来看，掩鬓，是掩住鬓发；博鬓，是扩充鬓发。验之以能够确定名称的实物，也大体相合。只是定陵出土的点翠镶宝龙凤冠上的博鬓位置偏后，和“鬓”离的远了。如此，便不能不追溯它的早期形态。

近年为人关注的南昌西汉海昏侯墓出土器物中，有一枚玉舞人，为战国物。舞人深衣垂足，舞袖翩跹，头上似乎别无装饰，唯鬓边垂将及肩的余发夭蟜外卷（图2-1）。传洛阳金村周王室墓葬出土的一件战国玉雕舞女，造型与此相同，不过是相连的一对（图2-2）。类似的形象尚有更早的例子，如故宫博物院藏一件商周时代的玉人，头顶双插对鸟，下方一围辫发，两鬓齐齐垂下来的余发在耳朵下边弯弯打出两个卷（图3）。由此发式，可以想到《诗·小雅·都人

1 大连图书馆藏，今有“中华再造善本”。

士》中对都邑女子的形容，即“彼君子女，绸直如发”；“彼君子女，卷发如虿”；“匪伊卷之，发则有旟”。此诗意旨，说法很多，朱熹的意见是，“乱离之后，人不复见昔日都邑之盛，人物仪容之美，而作此诗以叹惜之也”（《诗集传》），似觉通顺。所谓“绸直如发”，也是种种解释，《高本汉诗经注释》第七二九条：“‘直’在这里不能用平常的意义，因为说一个女子的头发‘直’并不是赞美；第四和第五章都特别说出那是卷曲的。所以，‘直’当是‘伸直’，也就是‘长’”，“这句诗是（他们的）头发多密而且长。”此释或可从。“卷发如虿”，虿，今呼为蝎子，动则翘翘然举尾。郑笺：“螫虫也。尾末揵然，似妇人发末曲上卷然。”《说文·虫部》“虿”与“蟜”，同训为毒虫，则蟜即虿，以其尾之夭蟜上曲，而又谓之蟜。至于“匪伊卷之，发则有旟”，宋罗愿《尔雅翼》卷二十六云：“《礼》，敛发无髢。而有曲者，以长者皆敛之，不使有余。鬓傍短者不可敛，则因之以为饰，故曰‘匪伊卷之，发则有旟’。先儒以为‘旟，扬也’，非故卷之，发当自有扬起者尔”，“曰‘卷发如虿’，言首饰整然矣。”罗释算得贴切。旟即飞鸟形的竿首，两边飞翘，适同虿尾弯起的样子。可以认为，卷发如虿原是一种特别的修饰——《诗·小雅·采绿》篇有“予发局曲，薄言归沐”，是说不整仪容，以致头发卷曲蓬乱与此不同——诗先以“卷发如虿”写出修饰之美，继而下一转语，反言“匪伊卷之，发则有旟”，正好和前面的“绸直如发”相扣合，曰君子女之发密而长，且天然卷扬，不刻意修饰而特有修饰之美。这里的一唱三叹，便是诗人由衣饰和妆束的变化——这变化来自引领风尚的都邑——而发抒对变化之时代的感喟。

如此再来看几件玉雕女子的发式，正是“卷发如虿”。也许是随着舞姿而自然卷扬，但更可能是修饰使然。

“卷发如虿”似乎只是先秦时代都邑上流社会的一种审美习俗，因为此后很少再见到对于女子发式的类似赞美，至少是不再以昆虫为喻，正像“领如蝤蛴”之类的形容从诗歌中淡出一样。然而这样的审美习俗，作为历史记忆却不曾消逝。把战国玉饰作为玩好的刘贺对此想必不陌生，我们今天则不妨将此视为保存历史记忆的方式之一。在汉画像石，这一发饰被移用于西王母，如邹城市文物局藏汉画像石中的西王母，头上戴胜，两鬓边则余发夭蟜外卷，俨然先秦玉雕女子的“卷发如虿”（图 4-1）。如此发式，也见于四川彭州太平乡出土汉画像石中的女舞人（图 4-2）。那么它是作为一种美丽的妆点而延续下来。只是此后又失去发展的线索，直到龙门石窟北魏礼佛图，皇室宝眷头戴莲花冠，冠下两侧各有两对夭蟜外卷的饰物（图 5），方又接续一脉相承的

4-1

汉画像石局部（拓片）

邹城市文物局藏

4-2

汉画像石局部（拓片）

四川彭州太平乡出土

5

龙门石窟雕刻

6

《女孝经图》局部

故宫博物院藏

轨迹，大约这时候它已由“卷发如虿”而演变为冠两侧的“博鬓”，即由原初的发式变成饰物，并且用来显示尊贵。这一变化的缘由至今在文献上找不到记述，但从造型来看，与“卷发如虿”的样式是一致的，并且此后几无大变，似可表明再没有添加新的造型元素。

与隋代相承，“两博鬓”同样载入《旧唐书·舆服志》和《新唐书·车服志》。从图像资料看，陕西潼关税村隋代壁画墓出土一具石椁，石椁外壁线刻画中坐在辂里的女主人乃花冠博鬓[1]。故宫博物院藏《女孝经图》一卷，画作“后妃章”中的后妃首服是一顶两侧垂博鬓的莲花冠（图6），同卷“贤明章”中的楚庄王夫人樊姬也是如此。此卷旧传唐人作，今认为是宋摹本，摹本虽不免添加当代因素，但总不会距离原作很远。比较辽宁博物馆藏宋人作《孝经图》，衣冠服饰即明显不同，如展脚幞头、耳不闻帽子，均为宋代样式，第二章所绘皇太后首服则同于南薰殿图像中的宋代皇后像。此卷旧题褚遂良书、阎立本画，今或推定它出自南宋民间画师之手。那么《女孝经图》中的后妃首服，或可作为唐代博鬓式样的一个参考。清宫旧藏南薰殿图像中的宋代皇后像和明代皇后像，已是清楚绘出缀于凤冠的博鬓（图7、8）。而明代皇后像中的博鬓，与北京文物局图书资料中心藏稿本《明宫冠服仪仗图》之凤冠大体无别。

再看实物资料。扬州西湖镇隋炀帝萧后墓出土一顶花树冠，虽因朽烂过甚很多细节不能十分清楚，不过两扇博

7

宋钦宗皇后像局部

清宫旧藏

8

明穆宗孝安后像局部

清宫旧藏

1 陕西考古研究院《潼关税村隋代壁画墓》，附图六，文物出版社二〇一三年。墓葬年代为隋中期偏晚，墓主人很可能是杨隋皇族。

髲尚存其貌，且在 X 光片中可以见出装饰纹样[1]。萧后卒于唐贞观二十一年，诏以皇后礼合葬于炀帝陵，则此冠是唐物。此外，有西安唐阎识微夫妇墓出土阎妻裴氏的已经散落之冠，大小不一、材质不同的各种饰件三百余，其中的博鬓式样与萧后冠大致相同。夫妇合葬的年代为神龙二年[2]。今所见唯一一个可与图像互证的宋代实例，是遵义南宋杨价夫妇墓出土女主人所戴前置金凤、两侧施以博鬓的银冠[3]。明代实物，定陵之外，尚有贵州遵义高坪镇播州杨氏土司家族墓出土饰有博鬓的两顶金镶宝龙凤冠（修复后今展陈于贵州省博物馆），博鬓的式样与南宋一致（图 9），只是装饰手法略有别。尽管因考古材料缺失，凤冠的主人尚不能确定，不过推测为土司夫人，应该不差。统领播州的杨氏土司“虽版籍列于职方，然专制千里，自相君臣，赋税之册不上户部，兵役之制不关枢府，名托外臣，实为一独立政权”[4]，博鬓的使用由宋至明也就很自然了。另有两个与此相关的例子，便是湖北恩施猫儿堡出土明代西王母骑凤金簪一枝，西王母云肩、补子，花冠下一对博鬓（图 10）。创建于万历十年的长治观音堂，堂内梁柱悬塑也有驾云赴会的西王母，花冠、博鬓、帔帛，妆束与首饰纹样十分相近（图 11）。二者皆与前举汉画像石中的西王母遥相呼应。当然如此时空远隔的相似当视作巧合，明代银匠取用的还是当代资源。不过在我们追索的演变轨迹中，它恰好成为前后关照的两个点。

论及博鬓，旧说或与掩鬓夹缠，今人或与唐宋时期流行的一类

1 杨军昌等《江苏扬州市曹庄 M2 隋炀帝萧后冠实验室考古简报》，页 66 ～ 74，《考古》二〇一七年第十一期。

2 西安市文物保护研究院《西安马家沟唐太州司马阎识微夫妇墓发掘简报》，《文物》二〇一四年第十期。

3 此为观摩所见，详细资料尚待发表。

4 谭其骧《长水集·播州杨保考》，页 261，人民出版社一九八七年。

9

风冠上的博鬓

遵义播州杨氏土司家族墓出土

10

西王母骑凤金簪

湖北恩施猫儿堡出土

11 西王母
长治观音堂悬塑

步摇相混，其实如此三事各有发展脉络，且常常一起出现，因此并无演变及替代关系，如前举《皇明典礼》中“珠翠九翟博鬓冠”与“金掩鬓一对”同列，如南宋杨价夫妇墓女主人所戴凤冠两侧除了分别有两对累丝步摇之外，同时各有一扇金镂花博鬓。大约博鬓的使用范围很小，有资格使用它的女主人恐怕服用的次数也不多。自隋唐基本定型之后，后世沿用，做工和材质或不同，造型的变化则不是很大。依靠考古发现，今可大致勾勒博鬓从发式到首饰的演变轨迹，惟中间尚有虚线，只能有待新的发现，但至少不必像有些讨论那样到佛教艺术中去寻找造型依据。

吐蕃金银器知见录

与中原建立唐朝的同时，西南地区的吐蕃人在青藏高原建立了吐蕃政权，它出色的金银器制作也差可与唐朝比肩。《旧唐书》卷一九六上《吐蕃传上》，曰其地“多金银铜锡”，可见资源之蕴藏。政权雄踞西北之际，正所谓“西戎之地，吐蕃是强。蚕食邻国，鹰扬汉疆”，因此有条件广泛借鉴和吸收不同地域、不同族群的文化，丰富自己的艺术语汇，金银器制作也形成了鲜明的风格。前引《旧唐书》曰太宗伐辽东还，遣禄东赞来贺，献金鹅，“其鹅黄金铸成，其高七尺，中可实酒三斛”。贞观十四年十月，吐蕃赞普向唐室请婚，“遣其相禄东赞献金五千两及珍玩数百”（《资治通鉴》卷一九五）。开元十七年吐蕃重臣名悉猎随皇甫惟明入朝，所奉礼物有“金胡瓶一、金盘一、金椀一、马脑盃一”，其时金城公主“又别进金鹅、盘盏、杂器物等”。开元二十四年正月，“吐蕃遣使贡方物金银器玩数百事，皆形制奇异”（《旧唐书》卷一九六上）。《册府元龟》卷九七〇《外臣部·朝贡三》曰：高宗显庆二年十二月，“吐蕃赞普遣使献金城，城上有狮子、象、驼、马、原羝等，并有人骑。并献金瓮、金颇罗等”。同书卷九七二《外臣部·朝贡五》，曰穆宗长庆四年十月，“吐蕃贡牦牛等，又献铸成银犀牛、羊、鹿

1 鎏金银壶（复制品）
拉萨大昭寺藏

各一”[1]。从中可以看到吐蕃金银器不凡的制作工艺。近年的考古发现，更把西藏地区金银器制作的历史追溯得久远。阿里地区札达县曲踏墓地与噶尔县故如甲木墓地分别出土黄金面具，又浪卡子县查加沟古墓葬出土金饰十七件。吐蕃时期的金银器制作自是源远流长。

今供奉于拉萨大昭寺吐蕃时期的鎏金银壶，是罕见的一件大型酒器：通高 90 厘米，壶身最宽处直径逾半米。银壶鼓腹长颈，顶端壶口下方做出一个羊首，圆管小流衔在唇间，壶腹下方三个画面中的人物，貌若胡人，衣则吐蕃。其一为醉酒图，此外两个是腰系鞶囊，手持拨子反弹琵琶的伎乐图（图 1）。银壶的时代约当七世纪。禄东赞所献金鹅“黄金铸成，其高七尺，中可实酒三斛”，大约与此相差不远。芝加哥普利兹克基金会藏金胡瓶，长颈和喇叭式圈足均打作八棱，以连珠为棱线分隔装饰带，长颈是立在卷

1 文献记载的吐蕃金银器，齐东方《唐代金银器研究》（中国社会科学出版社一九九九年）、霍巍《吐蕃系统金银器研究》（《考古学报》二〇〇九年第一期）均曾以制表的方式展示大概。

草下方的鸳鸯，胸臆和翅膀嵌绿松石。圈足下边是两两成对的卧狮与卧鹿。瓶腹中间部分四个开光，似飞花似流云的如意结缘边，光内立着凤凰；瓶腹下方四个开光，光内是奔行的翼马（图2）。阿勒萨尼藏嵌绿松石凤鸟纹金胡瓶、嵌绿松石孔雀纹金瓶与嵌绿松石兽面鸭纹金盘，也很见风格（图3-1～3），特别是绿松石的镶嵌方

2
金胡瓶
芝加哥普利兹克藏

3-1
嵌绿松石凤鸟纹金胡瓶
阿勒萨尼藏

3-2
嵌绿松石孔雀纹金瓶
阿勒萨尼藏

3-3
嵌绿松石兽面鸭纹金盘
阿勒萨尼藏

3-4
嵌绿松石对鸭纹金带銙
青海都兰热水墓群出土

法，由出自青海都兰热水墓群的嵌绿松石金带銙可见制作方式的一致[1]（图 3-4）。其中的金瓶却是原初已有纹样，便是鱼子地上錾花鸟，之后又在鸟纹的位置上以金粟粒勾边，内里拼嵌绿松石，而并不在意原先錾刻的鸟纹依然有部分呈露。瓶高 17.7、口径八厘米，腹径 10.2 厘米[2]。热水墓群出土的金錾手杯高 4.3、口径 9.5、厚 0.15 厘米，通体光素无纹（图 4-1）。青海乌兰县泉沟吐蕃时期壁画墓出土银鎏金嵌绿松石四曲花口錾手杯[3]（图 4-2），样式更接近粟特，而镶嵌绿松石以及镶嵌工艺则属于吐蕃式。普利兹克藏银鎏金錾手杯则造型也近似粟特，内心纹样却颇有唐风（图 5）。杯为夹层，高 4.5、口径 11.6 厘米。上下左右往复折还的缠枝将杯内壁分

1 都兰热水墓群二〇一八年被盗，之后考古部门开始历时三年的考古发掘，其中一座编号为血渭一号墓。根据发掘出土的“外甥阿夏（柴）王”印章，可判定墓主为阿夏王，即《吐谷浑（阿柴）纪年》残卷内所记之“莫贺吐浑可汗”，其母后即吐蕃在六八九年下嫁与吐谷浑王的公主墀邦。见热水联合考古队《青海都兰热水墓群二〇一八血渭一号墓专家论证会纪要》，《中国文物报》二〇二一年二月十九日。按本书写作之际，发掘简报与考古报告均未面世，这里讨论的器物俱为观展所见热水墓群出土者。

2 《丝绸之路上的文化交流：吐蕃时期艺术珍品展》，页 31，敦煌研究院二〇一九年。

3 中国社会科学院考古研究所、青海省海西蒙古族藏族自治州民族博物馆等《青藏高原首次发现吐蕃时期壁画墓》，《中国文物报》二〇二〇年一月十七日。

4-1

金单柄鋬手杯

青海都兰热水墓群出土

4-2

银鎏金嵌绿松石四曲花口鋬手杯

青海乌兰县泉沟吐蕃时期壁画墓出土

5

银鎏金单柄鋬手杯

芝加哥普利兹克藏

作四个装饰空间，每个空间一朵莲花，花心上站一只张着翅膀的鸳鸯，内底心三鱼同向嬉水形成一个涡旋，而在中心处聚首。纹样均为细线錾刻，惟三鱼鎏金。杯外壁四个菱花式开光，光内打作狮子和神兽各二。鋬手压指板上方打作奔兽。

甘肃肃南西水大长岭唐墓出土一批金银器[1]，也当是吐蕃系属。

---

1 施爱民《肃南西水大长岭唐墓清理简报》，页 14 ～ 19，《陇右文博》二〇〇四年第一期。

中有环耳带盖金杯一件，通高 17.5、口径 6.5 厘米，重 709 克。折肩，鼓腹，腹间环耳上方压指板上錾一枚朵花，花心嵌一颗绿松石。盖与杯身以合页相连，盖钮是仰莲座上的一朵半开莲花，花心嵌物已失。（图 6）又银鎏金六龙纹夹层杯一件，高 10.2、口径九厘米，重 235 克。下方一周仰莲，上方宽宽一道装饰带满錾玛瑙地，腹间以凸棱分隔六区，每区内似花瓣似海浪的地子上跃起一条行龙。底端原有托座，已无存（图 7-1）。环耳金杯是突厥式金银器[1]，流行时间很长，在深受突厥文化影响的辽代仍多见，如内蒙古自治区通辽市科尔沁左翼后旗吐尔基山辽墓出土的环耳錾花金壶，如赤峰博物馆藏银鎏金环耳壶。夹层杯的纹样与中原地区很相近，比较西安市灞桥区红旗乡郭家滩出土金龙（图 7-2），临安明堂山唐天复元年水丘氏墓出土鎏金银豆下腹装饰带的錾刻玛瑙地（图 7-3），可以见得分明。

马具、箭筒自然也少不得金银妆点。《敦煌本吐蕃历史文书·历代赞普传记》载录禄东赞献歌云，"纯金是金子里头最好者，无论何时是琼瓦精华所在"，"在山谷里跑马，马不会把金鞍摔碎"。又墀都松（器弩悉弄）赞普歌云"在黄金箭筒里，有一支绿松石之箭，不射它，杀不死鹿，射出了它，筒子就空了"[2]。这里的"黄金"，应该就是另一首歌里的"纯金"，不过所谓"黄金箭筒"，当是用金片贴饰。"金鞍"也是如此。普利兹克藏银鎏金马具一副凡八十一件，分别为辔头、攀胸、鞦带以及前后鞍桥上面的装饰，还有用于悬缀的杏叶（图 8）。都兰热水墓群出土后鞍桥金饰片一，雁翅板金饰片一对，又金杏叶、金缨罩、镶绿松石的金铃和金镶绿松石节约。鞍桥饰片中间是一个待放的莲苞，两边各一只踏云奔行口吐长舌的

1 孙机《中国圣火·近年内蒙古出土的突厥与突厥式金银器》，页 260 ～ 264，辽宁教育出版社一九九六年。

2 《王尧藏学文集·1》，页 237、238，中国藏学出版社二〇一二年。

6
环耳带盖金杯
甘肃肃南西水大长岭唐墓出土

7-1
银鎏金六龙纹夹层杯
甘肃肃南西水大长岭唐墓出土

7-2
金龙
西安灞桥区红旗乡郭家滩出土

7-3
鎏金银豆
杭州临安明堂山水丘氏墓出土

8
银鎏金马具一副
芝加哥普利兹克藏

9-1

后鞍桥与雁翅板金饰片

青海都兰热水墓群出土

9-2

雁翅板金饰片之一

青海都兰热水墓群出土

9-3

金杏叶

青海都兰热水墓群出土

狮子，流云间马面鹿角生着双翼的神兽紧紧相随（图 9-1），与前举普利兹克藏银鎏金錾手杯外壁的纹饰安排很相似。雁翅板上是奔跑的山羊（图 9-2）。金杏叶以卷草勾边，中间倒垂的一朵花好似铃铛、好似缨罩（图 9-3～5）。金节约把三向伸展的部件和中央的连接点各个依势做成卷草和花朵，花心和卷草间点缀绿松石，整个器件便成一个美丽的图案（图 9-6）。青海藏医药博物馆藏金节约意匠与此相近，却又有另外的创造，即把用于连接三向的圆环做成摩竭戏珠，都是实用与装饰的完美结合。纹样最为奇特的是出自都兰热水墓群的一枚金鞘饰。一端是人身鸟翼并鸟爪的持来通者，缠头飞起飘带，紧身袍露出上半截，右手拈翅膀尖，左手举杯待饮，长长的尾羽连续弯卷四番然后收束为鱼尾（图 10）。通长 19.5、厚 0.03 厘米。它的设计

9-4

金缨罩

青海都兰热水墓群出土

9-5

金铃铛

青海都兰热水墓群出土

9-6

金节约

青海都兰热水墓群出土

10

金鞘饰

青海都兰热水墓群出土

11
海神金镯之一
纽约大都会博物馆藏（采自《希腊金器》）

12-1
金扣饰局部
阿富汗席巴尔干大月氏墓地六号墓出土

12-2
萨珊银碗碗心
大英博物馆藏

构思来源非一，并且时空跨越很大。人首鱼身的造型，可以追溯到古希腊艺术，比如纽约大都会博物馆藏出自希腊北部的一对海神金镯，时代约当公元前二百年[1]（图11）。手持来通的形象，有阿富汗席巴尔干大月氏墓地六号墓出土两副以希腊神话为题材的金扣饰，时代约为一世纪初（图12-1）。又有大英博物馆藏制作于五世纪前后的一件萨珊银碗（图12-2）。而金鞘饰纹样的主角，则是吐蕃人的形象。前面说到吐蕃以它所处地域和政权的强势，有条件广泛借鉴和吸收不

1 《册府元龟》卷九八一《外臣部·盟誓》，册十二，页11532。

13

银鎏金镂花饰片

青海都兰热水血渭一号大墓一号殉马坑出土

同地域、不同族群的文化，丰富自己的艺术语汇，所谓“吐蕃遣使贡方物金银器玩数百事，皆形制奇异”，大约这是其中的一类。

饮器、带饰、马具之外，更有数量不少的金银饰片。吐蕃金银器多大件，周缘设有钉孔的金银饰片也有不少尺寸甚巨。大约尺寸小者用于贴饰刀鞘、箭囊或曰胡禄，尺寸大者则用于贴附木器或装饰“金帐”。唐穆宗长庆元年唐蕃会盟，刘元鼎赴吐蕃，时赞普建帐于野，帐即名曰金帐，“其中缘饰多以金为蛟螭虎豹之状，至甚精巧”，赞普可黎可足“以朝霞缠头，坐佩金剑”。青海都兰热水血渭一号大墓一号殉马坑出土贴附于木器的银鎏金镂花饰片[1]（图13），其中的凤凰，形象与西安市灞桥区红旗乡郭家滩出土金凤凰十分相

1　或谓此乃舍利容器（许新国《西陲之地与东西方文明·都兰热水血谓吐蕃大墓殉马坑出土舍利容器推定及相关问题》，北京燕山出版社二〇〇六年），不过此说推测成分居多，似难信据。

近（图 14）。出自热水墓群的镂空象纹金饰片，长九厘米，高 8.5、厚 0.04 厘米（图 15）。芝加哥普利兹克藏银鎏金饰片六枚，凤鸟一对之外，余为伽陵频迦（图 16-1～3）。其中一枚是立在莲花台上拨奏琵琶，头戴花冠，耳挂环子，胸前长垂瓔珞，腕戴宝钏，臂上搭着披帛。高 35、长 45 厘米。此外三枚除乐器不同，其他大致相近。吐蕃占领时期的敦煌壁画也多有伽陵频迦的形象，莫高窟第 360 窟窟顶藻井中心便是一个弹琵琶的伽陵频迦。第 12 窟藻井的一周装饰带则是伽陵频迦与凤衔花枝纹相间。不过面如宫娃的伽陵频迦在银鎏金饰片却是换作吐蕃人的面孔。

以写实的手法表现人物以及生活场景，是吐蕃金银器的特色之一。青海藏医药博物馆藏人像金饰片，即为很见写实工力的制作（图 17-1～2）。出自都兰热水墓群的人物纹金饰片，高 9.8、宽 6.4、厚 0.03 厘米，虽然受损变形，但仍可见出种种细节：盘膝坐龙纹榻者足蹬靴，身穿左衽交领袍，右手隐在团花锦边的长袖里，左手起

14

金凤凰

西安灞桥区红旗乡郭家滩出土

15

镂空象纹金饰片

青海都兰热水墓群出土

16-1

银鎏金凤鸟纹饰片

芝加哥普利兹克藏

16-2

银鎏金伽陵频迦纹饰片之一

芝加哥普利兹克藏

16-3

银鎏金伽陵频迦纹饰片之二

芝加哥普利兹克藏

17-1

人像金饰片之一

青海藏医药博物馆藏

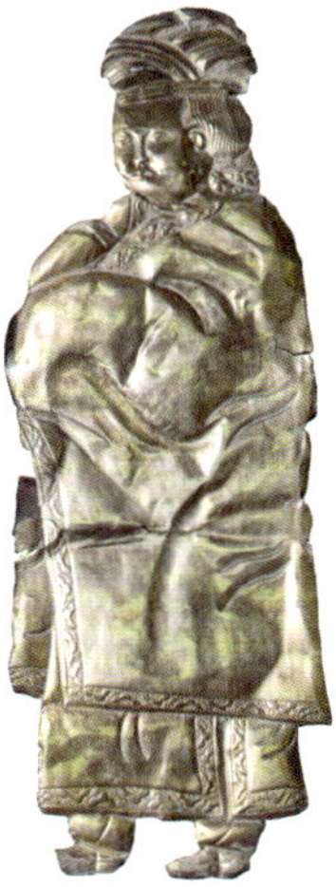

17-2

人像金饰片之二

青海藏医药博物馆藏

18

人物纹金饰片

青海都兰热水墓群出土

19

贴金锡盘局部

青海都兰热水墓群出土

20

骑射人金饰片

青海都兰热水墓群出土

拈腰间带（图 18）。又一枚贴金锡盘（图 19），今残存四分之一，残半径 24.8 厘米，大致可辨纹饰分作四重：中心是花朵团窠里的人像，其外为宴饮场景，再向外一重，则有牵马的人、奔行的狮子和骑射者，更外一重以及盘缘分别是构图不同的卷草纹。另有一枚骑射人金饰片，高 9.8、长 13.5、厚 0.04 厘米，周边做出钉孔，引弓搭箭的骑士头戴冠，耳垂环，身穿翻领窄袖袍，脚蹬长靿靴，腰系蹀躞带，带上系着小刀，胡禄里插着羽箭，诸般细节，一丝不苟，如同一幅写真，而最为特别的是头冠下垂着两条粗大的发辫（图 20）。吐蕃习俗，

21 珍珠冕旒银鎏金冠
青海乌兰泉沟吐蕃时期壁画墓出土

惟妇人辫发，并且是盘起来[1]。那么应该表现的是吐蕃赞普。

头戴金冠的吐蕃赞普，似乎不见于图像，前举乌兰泉沟吐蕃时期壁画墓出土的珍珠冕旒银鎏金冠，是首次发现的实物，原置于椁室外面所设暗格的木箱里，足见珍重[2]（图21）。冠以丝织物为里（已朽），上覆组合为冠体的金片，金片下端平齐，上缘做成虹桥式的七个波曲，前后金片打作花枝丛中一对抗身奋爪的翼龙，花朵嵌绿松石，旁侧的金片分别是立在花心上面矫翅载舞的凤凰，背面护颈的一枚下方一蓬倒垂的花枝，上面一对舞爪相向的狮子，前方冠檐缀珠旒。墓葬时代约当八世纪，发掘者推测墓主人很可能与吐蕃时期当地的王室关系密切，而有很高的统治地位。

---

1 《新唐书》卷二一六《吐蕃上》"妇人辫发而萦之"。

2 中国社会科学院考古研究所、青海省海西蒙古族藏族自治州民族博物馆等《青藏高原首次发现吐蕃时期壁画墓》，《中国文物报》二〇二〇年一月十七日。

22-1
银瓶
芝加哥普利兹克藏

22-2
银鎏金鸳鸯纹饰片
瑞士阿贝格基金会纺织品研究中心藏

22-3
金饰片
甘肃省博物馆藏

王尧《唐帝国统治下的西域与吐蕃王国》一文中说道，随着七世纪初年的崛起，“吐蕃人在荒野中严酷生活锤炼出来的潜在巨大精力突然迸发出来，导向了政治—军事扩展，这场扩展波及青藏高原的广大地域，延续了两个半世纪”[1]。这种迸发反映到装饰领域，便显示了一种劲悍的风格。卷草与缠枝卷草，莲花与卷云，雁和鸭，鸳鸯和凤凰，狮子与鹿，唐朝装饰领域中的母题几乎都为吐蕃金银器所用，不过风格一变。它带着早期样式亦即卷草纹初传中土的历史记忆，而以自家雄健、劲悍的特质形成新的气韵。也有交颈的双鸟，也有花台上的鸳鸯，也还有缠枝莲花，而双鸟有憨朴之风，鸳鸯有凌厉之气，壮硕的缠枝莲挟着粗犷的力韵（图22-1～3）。孔雀神

1 《王尧藏学文集·1》，页480，中国藏学出版社二〇一二年。按文末注云此篇系与穆舜英合撰。

仪俊拔，口衔瑞草的神兽追风逐电，花心上的有翼兽作跃起之势，犀牛竟也奋蹄腾踔（图 23-1 ～ 4）。固有的单体纹样，此际以新的组合方式聚集在一起。卷草或作为单位纹样点缀主图，或用作边饰完成造型，比如带銙，比如马具之杏叶，又团窠之边框。更可以成就姿态各异的花朵。卷草的式样也不拘一格，或左右回旋随风翻卷，或两两相对好似如意，如果是相背的一对，则既若流云，又像束

23-1

银鎏金孔雀纹饰片

瑞士阿贝格基金会纺织品研究中心藏

23-2

银饰片

青海藏医药博物馆藏

23-3

银饰片

青海藏医药博物馆藏

23-4

银饰片

青海藏医药博物馆藏

24
金饰片
甘肃省博物馆藏

禾（图24）。至于吐蕃金银器的镶嵌，取用最多的便是绿松石。金镶宝，在吐蕃格言中或用作美好的比喻，敦煌吐蕃文献《松巴（苏毗或孙波）母亲的语录》“母贤子聪明，犹如金器镶宝玉”[1]。

如霍巍所说，“我们从吐蕃金银器当中既可以清楚地感受到其与唐、粟特、波斯等多种文化因素的相互影响和交融的痕迹；另一方面，我们也能观察到吐蕃在不断兼并并扩张的过程中，通过与我国北方、西北草原游牧民族发生密切的交往，在继承其文化传统的基础上加以汲取和创造，也逐渐形成自身具有鲜明特色的金银器系统”[2]。

1 张云等《西藏通史·吐蕃卷》引，页583，中国藏学出版社二〇一六年。

2 霍巍《吐蕃系统金银器研究》，页125，《考古学报》二〇〇九年第一期。

广元旺苍唐代银器窖藏观摩记

早几年，听到四川大学的朋友说起广元有一批宋代金银器窖藏，便计划一睹实物，遂于二〇一七年深秋和二〇一九年初冬两番前往观摩，并考察了皇泽寺、千佛寺、观音岩佛教造像和金牛道遗址。

窖藏原是二〇一二年发现于旺苍县嘉川镇蔬菜村一户村民的宅基地，后经文物部门征集，由旺苍县文管所收藏（很可能不是窖藏的全部），今有二十余件展陈于广元市博物馆，属于保存比较完整的部分。展品说明定其时代为宋。然而一见之下，即可确定窖藏器物的时代不是宋，而是晚唐。银器绝大部分有铭文，多数是记重，此外錾一个“之”字，只有一件方注瓶，器底除了记重和“之”字，还錾有工整的三个字“王闹儿”。

从我经眼的旺苍窖藏器物来看，这是大致齐整的一套筵席用器，主要有：银提梁酒樽与银酒勺各一，银酒注五，金花银团窠鸿雁纹四曲花口碗一，金花银团窠鸿雁莲瓣纹酒海、金花银团窠鸿雁纹酒海各一，银五曲花口碗二，银盏二，银多曲长杯一，银酒船五，金花银摩竭戏珠莲叶纹承盘一，葵花口银茶托二，银提梁壶、银提梁罐、银唾盂、银柳斗式碗各一。

银提梁酒樽高 8.5、口径 27.4 厘米，是筵席中的盛酒器（图 1–1）。樽或作罇，乃盛酒之器的古称亦即雅称，不同时代而樽的形制各有

1-1

银提梁酒樽

四川广元旺苍县银器窖藏

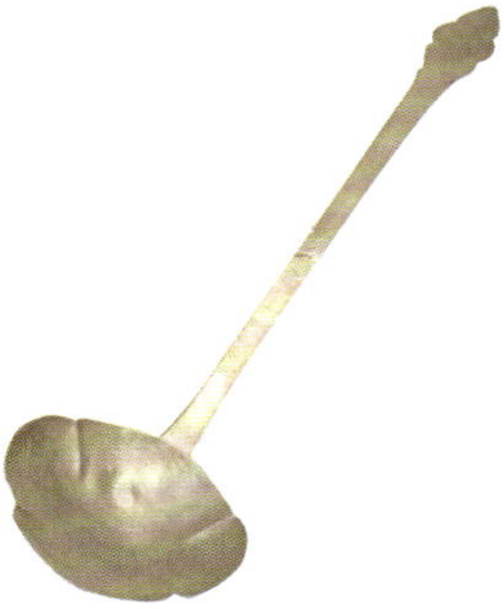

1-2

银酒勺

四川广元旺苍县银器窖藏

不同。唐代筵席上的盛酒之器多为盆式樽，口径一般在三十厘米左右，内蒙古鄂尔多斯地区出土银金花摩竭戏珠纹四曲盆，高 9.5、口径 36 厘米，即为酒樽之属。樽中置勺，便可酌酒。敦煌文书托名“江州刺史刘长卿”的《高兴歌》“珊瑚杓，金叵罗，倾酒濛濛如龙涡”，正是酌酒情景。酒勺勺叶多做成花口，如广元旺苍窖藏中的这一柄（图 1-2）。

盛酒又兼酌酒，则有壶和瓶，而唐宋时代“壶”“瓶”之称在很多情况下可以互换，又或者“壶瓶”合作一词[1]。唐后期多为注子，时也名作“注瓶”，如敦煌文书中与“磁茶瓶”并举的“铜注瓶”[2]。早期酒注与汤瓶的区别很小，而酒注原是从汤瓶中分化出来，长沙窑址出土的这两类器具造型几乎相同，因此有的酒注特别在器身表明“此是饮瓶不得别用”（图 2-1）。西安市西郊鱼化寨南二府庄出土的“宣徽酒坊”咸通十三年银酒注，便是此类。银酒注肩部两侧有

1 如《册府元龟》卷一六八《帝王部·却贡献》：太和四年，“尚书左丞王起进亡兄播银壶瓶百枚”，“有诏只令受银瓶”云云。后之“银瓶”，即指前云“银壶瓶”。

2 《辛未年（九一一年）三月六日沙州净土寺沙弥善胜领得历》（伯·三六三八）。

2-1

"此是饮瓶不得别用"执壶

长沙博物馆藏.

2-2

"宣徽酒坊"款银酒注

西安市西郊鱼化寨出土

3-1

银酒注

四川广元旺苍县银器窖藏

3-2

银酒注（脱柄）

四川广元旺苍县银器窖藏

3-3

银酒注（失流）

四川广元旺苍县银器窖藏

3-4

银鎏金伎乐图酒注

四川广元旺苍县银器窖藏

对称的系耳，原初当有提梁（图 2-2）。广元旺苍县银器窖藏中的注瓶，差可代表唐代酒注的几种主要样式（图 3-1～4）。其中银鎏金伎乐图壶亦即酒注一件，通高 23 厘米。喇叭式圈足，壶身下方打作以卷草抱合的三重仰莲，壶腹四个莲瓣式开光，两道弦纹勾边在外，一道连珠纹勾边在内，光内錾卷草和鱼子纹为地，从下方卷草纹中伸展出来微微凸起的一茎成为仅容一足的小舞台，伎乐跷起右足，略屈左足，轻轻倚在如意云朵上，吹笛子、击拍板、吹觱篥，另有一个持帛舞蹈。器腹的四个莲瓣式开光，其外缘在肩部又形成四枚下覆的莲瓣，内中也是卷草和鱼子纹为地，莲瓣里一对双飞的鸿雁。短颈和弯柄都是鱼子地上錾卷草，口沿与流錾方胜。器盖满錾缠枝卷草，上方覆一枚四出花叶，顶上铆一个莲苞钮。很有浮雕效果的四个伎乐人以及下方的三重仰莲都是打制而成，与器壁为一体。

旺苍窖藏中的碗和盏都是饮酒之器（图 4-1～2），不过碗和盏的区别其实不很严格。作为酒器的碗，与盏相比尺寸要大一些，当然在

个1

银五曲花口碗

四川广元旺苍县银器窖藏

个2

银盏

四川广元旺苍县银器窖藏

实际生活中名称的使用会很灵活。金酒碗，隋唐又常常称之为金叵罗，或作金颇罗。如李白《对酒》“蒲萄酒，金叵罗”；唐彦谦《送许户曹》“劝饮花前金叵罗”；前引《高兴歌》“珊瑚杓，金叵罗”。它应即《隋书·西域传》“曹国”条中提到的“金破罗”，而“破罗”一词乃是外来语的一个对音，因此与音对应的字并不固定。不过它源出伊朗语 Padrōd，本是指碗、杯一类的容器似无问题[1]。

至于酒碗与茶碗的区别，虽然看来并非十分显明，但细审其中的典型样式仍可见出二者的不同。以长沙窑为例，比较“美酒”和“茶埦”的器具，可见茶碗通常为圆口、斜直壁[2]，酒碗则四出花口、

1 见里夫什茨为薛爱华著《康国金桃》（中译本作《唐代的外来文明》）俄译本第459～460页所加注释的相关考订，蔡鸿生《唐代九姓胡与突厥文化》，页12，中华书局一九九八年。

2 也有自名“茶埦”“茶盏子”的两例，其腹壁微弧（长沙窑编辑委员会《长沙窑·综述卷》，页58，图一七七、一七八，湖南美术出版社二〇〇四年），不过向着底心的收分与酒碗相比仍可见区别，两件均为圆口。

5-1

银金花鸿雁纹四曲碗

陕西耀县柳林背阴村出土

5-2

“宣徽酒坊宇字号”款鸿雁纹银碗

陕西耀县柳林背阴村出土

5-3

银金花双鱼纹四曲花口碗

黑石号沉船出水

腹壁及近口沿处有弧曲。又陕西宝鸡法门寺地宫出土的“瑠璃茶椀柘子一副”，“柘（托）子”所承之“茶椀”亦为斜直壁。“瑠璃茶椀柘子”，原是同出之《物账碑》中列举的名称[1]。以此自名月途的碗式作为参考反观唐代金银器，大致可以析出其中的酒碗之扃。陕西耀县柳林背阴村出土银金花鸿雁纹四曲碗，“宣徽酒坊宇字号”款鸿雁纹银碗，又发现于印尼勿里洞岛黑石号沉船出水银金花双鱼纹四曲花口碗，是晚唐金银酒碗的主要样式（图5-1～3）。王定保《唐摭

1 即“监送真身使应从重真寺随真身供养道具及恩赐金银器物宝函等并新恩赐到金银宝器衣物等如后”账碑。

言》卷十五记唐文宗赐酒王源中，酒碗置于两盘，“每盘贮十余椀，每椀容一升许，宣令并椀赐之。源中饮之无余，略无醉态”。金银酒碗容酒一升左右，大约是这时候的常量。旺苍窖藏金花银团窠鸿雁纹四曲花口碗高 3.8、口径 14.5 厘米，四组花叶繁茂的折枝缭绕为内底心鱼子地上的一个大团窠，团窠中央一只鸿雁，碗内壁四曲各一组折枝（图 6）。从外底痕迹来看，原当有圈足，已失。

大于酒碗而为饮器中尺寸之巨者，则有酒海，口径一般逾二十厘米。旺苍窖藏金花银团窠鸿雁莲瓣纹酒海高 5.7、口径 21.3 厘米（图 7-1）；金花银团窠鸿雁纹酒海高 4.6、口径 22 厘米（图 7-2）。

6

金花银团窠鸿雁纹四曲花口碗

四川广元旺苍县银器窖藏

7-1

金花银团窠鸿雁莲瓣纹酒海

四川广元旺苍县银器窖藏

7-2

金花银团窠鸿雁纹酒海

四川广元旺苍县银器窖藏

两件均失圈足。后者内底心纹样与前举窖藏四曲花口碗几乎相同，只是没有布置鱼子地，内壁也未有其他装饰，惟口沿处一周鎏金莲瓣。团窠鸿雁莲瓣纹酒海与陕西耀县柳林背阴村出土“宣徽酒坊宇字号”款鸿雁纹银碗造型与纹样都十分相近。

酒船的名称已出现于南北朝，它的近缘似即耳杯，或曰羽觞，而在曲水流觞中，耳杯即已蕴含了船的意象，不仅以造型，而且以饮酒方式[1]。其式象船，可以有不同的表现方法。第一种，南北朝直至隋唐，造型来自西域多曲长杯的一类，正是合用的样式。如内蒙古赤峰敖汉旗李家营子出土的银长杯（图8-1），如分别收藏于白鹤美术馆和大英博物馆的多曲长杯（图8-2），末一例长杯内壁两端各錾一尾鱼，纹样鎏金，似见水意。大约最初它进入中土上层社会生活的时候，即因其式如船而“西体中用”成为筵席上专用来行令而饮的酒船，曾几何时，则连“体”也完全中土化，中晚唐金银器中属于此类的实物数量不少，可以视作多曲长杯的变化形式。西安市太乙路出土金摩竭纹四曲长杯（图9-1）、西安博物院藏四曲花口双鱼戏珠金花银酒船、黑石号沉船出水金酒船（图9-2），便是唐代后期金银酒船的样式之一。敦煌变文《双恩记》“镂花之叠摞何穷，起突之舡连莫数”，此舡，即酒船，起突，即内底心凸起之纹饰。第二种，杯为船形而式样仿生，如摩竭式酒船，它应是由来通式酒杯演变而来。目前发现的五代及辽物，多为瓷器。此外尚有形式比较简略的一种，

1　唐人《大业拾遗记》中有关于行酒船故事，船为八尺长的小舸子，上有两尺来高的木人，一个擎酒杯立在船头，旁边另有一个捧酒钵，又有两个中央荡桨，一个撑船在后。行酒船随岸而行，池边回曲处各坐宾客，船每到坐客的地方便停住，擎酒木人于船头伸手，“客取酒饮讫，还杯，木人受杯，回身向酒钵之人取杓斟酒满杯，船依式自行，每到坐客处，例皆如前法”（《太平广记》卷二二六）。此虽是用了特别的机巧，不过行酒之习如故。而唐人每把劝酒之器称作酒船，与曲水流觞及行酒船故事自然都很有关系。

8-1

银长杯

内蒙古赤峰敖汉旗李家营子出土

8-2

银多曲长杯

大英博物馆藏

9-1

金摩竭纹四曲长杯（酒船）

西安市太乙路出土

9-2

鸿雁衔瑞纹金酒船

黑石号沉船出水

如湖南麻阳旧县银器窖藏几种样式的银酒船，时代约当晚唐五代[1]。器为船形而纹饰取意于风荷，器内錾刻纤细的虚线做成荷叶脉理以及水风吹卷的效果，可以视作本书下一篇所举西安博物院藏金花银

1 怀化地区博物馆等《湖南麻阳县发现唐代窖藏银器》，页 52 ～ 56，《文博》一九九三年第一期。按窖藏中的个别器物已与宋式相近，又其中一件花口盏，圈足有铭曰“谢”，这也是宋以前不很常见的做法。

10-1

银多曲长杯

四川广元旺苍县银器窖藏

10-2

银酒船之一

四川广元旺苍县银器窖藏

10-3

银酒船之二

四川广元旺苍县银器窖藏

10-4

银酒船之三

四川广元旺苍县银器窖藏

酒船的简化版。旺苍窖藏多曲长杯与尺寸和式样不同的六件银酒船均通体光素（图 10–1 ～ 4），酒船小者下有喇叭式高圈足，而俱以椭圆造型略取船意，是更为简略的形式。

此外又有“盘盏一副”，即造型与纹饰一致的一套酒盏与承盘。唐代也称此盏与盘为子母，或名盘为台。张鷟《朝野佥载》卷一：“龙朔年以来，百姓饮酒作令云：‘子母相去离，连台拗倒。’子母者，盏与盘也；连台者，连盘拗倒盏也。”与后来宋元时代盘盏、台盏形制有显著之别不同，唐代作为“盘盏一副”的承盘中心或没有凸起的台子，又或凸起不高，略与口沿平齐。张鷟所处为初唐，这时候的所谓“台”，只是承托之意，因此“盘”“台”可以通用。旺苍窖藏金花银摩竭戏珠莲叶纹承盘，四枚撒扇一般的荷叶两两相对合作承盘的方胜式造型，莲叶上细细錾出叶脉，每个莲叶上面一对摩竭戏珠，莲叶之间的鱼子地上打作缠枝卷草成为顾盼相生的莲叶茎，盘心一朵莲花，花心鼓起一颗颗莲子。“藕丝牵作缕，莲叶捧成杯”，原是诗人眼中的莲塘丽景，鱼子地也仿佛诗笔下的“绿萍如粟”（温庭筠《张静婉采莲曲》）。盘高 2.8、长 26、宽 19 厘米（图 11）。原初当有造型一致的一只酒盏与它构成组合。长沙中南工业大学桃花岭唐墓出土银鎏金莲花纹承盘（图 12-1）、山西繁峙县金山铺乡上浪涧村窖藏银鎏金莲花双鱼纹承盘（图 12-2），也都是晚唐的实例。《北梦琐言》中提到的“泽金台盘”，应是此类。

11

金花银摩竭戏珠莲叶纹承盘

四川广元旺苍县银器窖藏

12-1

银鎏金莲花纹承盘

长沙中南工业大学桃花岭唐墓出土

12-2

银鎏金莲花双鱼纹承盘

山西繁峙县金山铺乡上浪涧村窖藏

13-1

银素面四曲长盘

江苏镇江丹徒丁卯桥窖藏

13-2

银金花人物故事图菱花口长盘

西安博物院藏

另有各种造型的大盘和小盘，多用于置放各式果品面点，常常是席面陈设，即唐人所云“饾饤”。鲜明者有两种样式，第一种，为西安市东郊八府庄唐大明宫东苑遗址出土的银金花狮纹六曲三足盘，盘高 6.7、口径 40 厘米[1]；大者尚有唐人所云“二尺盘”。第二种，为镇江丁卯桥窖藏中的银金花双凤戏珠纹菱花口长盘、银素面四曲长盘（图 13-1）、西安博物院藏银金花人物故事图菱花口长盘（图 13-2），此类多见于唐后期。广元旺苍窖藏菱花口素面长盘也属于这一类（图 14）。

茶盏一般不用金银，不过茶托或有银制品，如丁卯桥窖藏中的几件（图 15-1）。茶托的式样变化不多，西安唐长安城平康坊遗址出土的银鎏金茶托也是花口、喇叭式圈足，不过圈足不高，足内铭曰“左策使宅茶库”（图 15-2）。广元旺苍窖藏中的银茶托可算作同类样式（图 16）。

1　镇江市博物馆等《唐代金银器》，图一一四，文物出版社一九八五年。

14

菱花口素面长盘

四川广元旺苍县银器窖藏

15-1

银茶托

江苏镇江丹徒丁卯桥窖藏

15-2

“左策使宅茶库”银鎏金茶托

西安唐长安城平康坊遗址出土

16

银茶托

四川广元旺苍县银器窖藏

日用之器又有唾盂，贵盛者每每有人手捧金银唾盂随侍，敦煌文书中的张永《白雀歌》“白衣童子携白绂，宫官执持银唾盂”，即此。旺苍窖藏银唾盂器身造型若敛口盂，口沿下方翻出宽宽的花口折沿，通体光素（图 17）。筵席设唾盂，漱口当是它的功用之一。

柳斗或曰柳罐多用于向井里汲水，仿柳斗的银器有可能也是用作水器。旺苍窖藏银柳斗式碗高四厘米，口径十厘米，仿柳编的纹路打制极规整（图 18）。

用于贮物的器皿，曰罐，曰罂，曰瓶，曰壶，似乎并无一定。或肩有提梁，或底有三足，大大小小，式样不一。出自何家村唐代窖藏的两件均为贮药。旺苍窖藏中有银提梁壶与银提梁罐各一，前者大，后者小，都是通体光素（图 19-1 ～ 2）。

17

银唾盂

四川广元旺苍县银器窖藏

18

银柳斗

四川广元旺苍县银器窖藏

19-1

银提梁壶

四川广元旺苍县银器窖藏

19-2

银提梁罐

四川广元旺苍县银器窖藏

尚有香具一项，它本来似与宴会无关，然而在喧腾的筵席中却常有名香喷吐轻烟。王建“香薰罗幕暖成烟，火照中庭烛满筵。整顿舞衣呈玉腕，动摇歌扇露金钿”（《田侍中宴席》）；施肩吾“兰缸如昼晓不眠，玉堂（一作炉）夜起沈香烟。青娥一行十二仙，欲笑不笑桃花然”（《夜宴曲》）；又白居易“炉烟凝麝气，酒色注鹅黄”（《江南喜逢萧九彻因话长安旧游戏赠五十韵》），等等，均可见席间的暖香一缕。在以金银为酒器的欢宴中，便总会有金银香具点缀豪华。镇江丁卯桥唐代银器窖藏中，与“力士银酒器”同出的有金花银炉一具，即是一例。旺苍窖藏中的一件银熏炉，虽残损比较严重，但炉座尚好，开了五个壶门，也有计重铭文和“之”字，錾在壶门之一的侧边（图20）。

广元旺苍银器窖藏器物的造型与纹饰，晚唐风格很明显，目前见到的部分，品类已可称丰富，且打制精工，据此推测，窖藏主人当非寻常之辈。金牛道上的广元，地当川、陕、甘三省交界，北邻秦陇，东近汉中，实为蜀门锁钥。严耕望《唐代交通图考》第四卷·篇贰叁《金牛成都驿道》云，“唐世入蜀，或由汉中向西南，或由兴州向东南，皆经金牛，为入蜀咽喉。由金牛西南经三泉、利州、剑州、绵州、汉州，至成都。就君主行幸言，玄宗入蜀，由褒斜道转金牛，循此道而南。僖宗入蜀，由骆谷道至兴元，循此道南

20
银熏炉残件
四川广元旺苍县银器窖藏

21-1

四川广元千佛岩造像

21-2

四川广元观音岩造像

行”[1]。广元石窟造像，唐代最为兴盛发达（图21–1～2）。开窟凿龛的功德主有官吏，也有旅人。造像活动又与两大历史事件相关：一是安史之乱爆发，玄宗入蜀避难；一是唐与南诏的战争使得剑南战事频仍，而不论关中抑或陇右，广元都是唐军入川作战的必经之地[2]。旺苍窖藏以及窖藏的主人，则很有可能是此时代风云中的一叶历史叙事。

附记：

笔者两番赴广元，俱蒙广元博物馆热诚相待并提供观摩之便，特此深致谢忱。

---

1 严耕望《唐代交通图考》第四卷，页863，台湾“中研院”历史语言研究所一九八六年。

2 姚崇新《巴蜀佛教石窟造像初步研究：以川北地区为中心》，页126～131，中华书局二〇一一年。

『金』风吹开一池莲：

金银器中的池塘小景

莲荷很早就成为诗中的意象。《诗·陈风·泽陂》“彼泽之陂，有蒲与荷”。汉儒解诗，把这一首认作“刺时”，这一句自然是“兴”，郑玄便解释说：“蒲，柔滑之物。芙蕖之茎曰荷，生而佼大。兴者，蒲以喻所说男之性，荷以喻所说女之容体也。”“所说”，即所悦。按照早期的认识，人们眼中的一枝出水新荷，全身各个名件都各有称谓：其茎名茄，其叶名荷，花曰芙蕖，根名藕，实名莲，若再细分，则莲指莲房，莲子当名旳——陆玑《毛诗草木鸟兽虫鱼疏》卷上“有蒲与荷”条如是说，其实是本《尔雅·释草》。后世一般情境下已很少如此细致的区分。

先秦时代莲花的造型艺术即已十分成熟，如河南新郑李家楼出土一对春秋中期器鹤莲方壶，山西太原出土莲盖方壶，又湖北枣阳九连墩战国一号墓出土彩绘龙凤纹莲花漆豆。数百年后佛教东传，随风吹来新的种籽，遂与本土传统嫁接，在佛教艺术中放出新花。此后不过经历一轮两轮更新换代，便迅疾完成了中土化。而佛教艺术之外，莲花作为日常生活中始终不断延续着的装饰纹样，其中的宗教含义其实是很微弱的。

金银器中莲荷纹样的广泛施用是在唐代，诗歌的百花苑里莲荷早是蔚然成景，造型与纹样的素材自可随手采撷。与莲花相比，荷叶似乎是配角，但在诗人眼中绿叶却丝毫不输红花。梁元帝《采莲曲》“莲花乱脸色，荷叶杂衣香”，梁刘孝威“莲香隔蒲渡，荷叶满江鲜”。莲花开处，都有荷叶相伴。单独为荷叶写照，似乎更多俊句。梁江洪《咏荷》“碧叶喜翻风”，南齐谢朓《游东田》“鱼戏新荷动”，唐郑谷《莲叶》：“移舟水溅差差绿，倚槛风摇柄柄香。多谢浣纱人不折，雨中留得盖鸳鸯。”荷叶自然也同莲花一起进入装饰领域。

荷叶仰可为盘，——“藕丝牵作缕，莲叶捧成杯”（隋殷英童《采莲曲》）；覆可为盖，——白居易“小舫宜携乐，新荷好盖杯”（《分司初到洛中偶题六韵兼戏呈冯尹》），唐代金银器中的器盖、器足、承盘，便每取风翻荷叶之势，卷起的荷叶边或涂金，以见风中水中的摇漾之趣。又或在荷叶上面添饰游鱼和摩竭，以见水意。出自镇江丹徒丁卯桥银器窖藏“力士”酒器一组中的银荷叶盖，造型是内外细錾脉理的一枚风翻荷叶，叶顶心覆一枚小荷叶，带着拗折下来的一弯莲茎，被风吹卷的叶边下藏着五尾游鱼（图1）。银盖直径26厘米。就功用而言，游鱼是器盖下面的小撑，而从整个器型来看，它又何尝不是“鱼戏新荷动”的诗意图呢。陕西扶风法门寺地宫出土一具

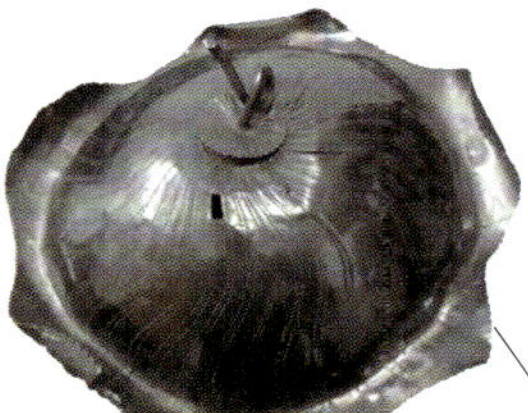

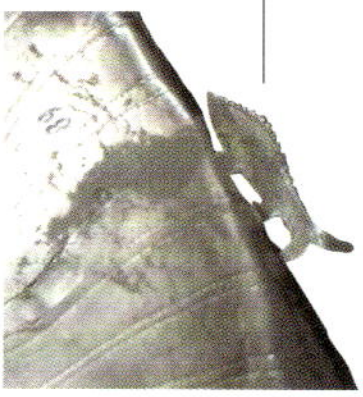

1

银荷叶盖

江苏镇江丹徒丁卯桥银器窖藏

2

银盐台荷叶盖

扶风法门寺地宫出土

3
金花银酒船
陕西耀县柳林背阴村出土

银盐台，台盘是花瓣平展的一朵莲花，中心下凹錾出莲子，上有莲瓣环绕的一枚荷叶为盖，叶顶心一朵小花挺出宛折的莲茎，上面一个莲苞钮，莲苞中空，有屈戌可以开闭，锥点叶脉的荷叶上打作四尾摩竭鱼（图2）。设计者意欲模仿的自是水中新荷，却是以一枝一茎而擎出一池莲塘。

荷叶也是唐代酒船——筵席上专用来行令而饮的酒器——喜欢取用的物象，即器为船形而纹饰取意于风荷，器内錾刻纤细的虚线做成荷叶脉理以及水风吹卷的效果。陕西耀县柳林背阴村出土四曲花口荷叶双鱼纹金花银酒船（图3），内底心饰一枚鎏金荷叶，被风吹卷的叶边向着叶心四合，中间并卧露着银质本色的贴体并游之双鱼，便是时人眼中的“比目鱼”。《尔雅·释地》：“东方有比目鱼焉，不比不行，其名谓之鲽。”旧说此鱼止一目，须两鱼相并始能游行，

4
银鎏金酒船
三门峡市第二面粉厂出土

5
金花银酒船
西安博物院藏

因有歌曰“愿作比目鱼，随欢千里游”（晋诗《西曲歌·三洲歌三曲》）。三门峡市第二面粉厂出土四曲花口银鎏金酒船也是形肖一枚风翻荷叶，荷叶翻折处却又添一双鸿雁衔枝，内底心一对水中戏莲蓬的游鱼（图4）。西安博物院藏金花银酒船造型最为自然，翻折的荷叶边鎏金，好像是绘画中的以墨色浓淡来表现阴阳向背（图5）。

河南伊川鸦岭唐齐国太夫人墓出土双鱼纹金盏银盘，是酒器中“盘盏一副”之组合。盏为椭圆形四出花口，近缘錾一周莲瓣纹，盏心复以内向的莲瓣纹聚拢一泓水波，波浪间打作一对戏珠游鱼。承盘象风中荷叶，盘缘打作规整而又柔和自然的弯弧以表现风起处叶边的微敛，宽折沿上细錾叶脉，波曲间四对并游的鱼儿。盘心用凸弦纹框起略呈浅凹的椭圆形托座，其上錾刻毬路纹。托座之外的装饰带做成鱼子地，錾刻相间的四对鸿雁和四朵流云。双鱼、云、雁以及装饰框均鎏金（图6）。

6

双鱼纹金盏银盘（盘盏一副）

河南伊川鸦岭唐齐国太夫人墓出土

与莲荷在一起的又有龟。作为传统中的祥瑞，又久为诗歌中的意象，它出场便为装饰纹样带来灵气。陕西扶风法门寺地宫出土银金花朵带环子五足炉，炉身与炉盖分制，盖顶以一周起翘的莲瓣纹做成出烟孔。侧视，盖顶便是半开的一个莲蕾；俯看，却又是瑞草交缠中一朵绽放的莲花。瑞草回环处留出的五个空间各有莲花一茎，花心一只卧龟，回颈嘘气，缭绕成两向纷披的瑞草。炉身铆接五个兽蹄足，足间各缀朵带，盖沿与炉壁也分别以瑞草烘托主题（图7）。陕西咸阳西北医疗器械厂工地出土錾花金壶，属于

7

银金花朵带环子五足炉

扶风法门寺地宫出土

唐代后期，是纹饰比较程式化的一例，却有细节处理上的可圈可点。金壶弯柄之表满錾方胜纹，起弯处独独錾一枚荷叶，荷叶上面卧一只小龟，引颈向上，龟口衔环，环系链索，链索另一端的圆环套在壶盖的莲苞钮下。龟游荷叶用在这里，恰有点睛之妙，于是全器的层层纹饰——仰莲、卷草、水禽、缠枝莲花——以及器盖立墙锥点的水波，一齐提起精神（图8）。

莲花与荷叶，风翻荷叶与荷叶上的双鱼，唐五代金银器流行的纹样俱为辽代所延续，也可以说，是顺理成章植入辽代四时纳钵制度中所蕴育出来的“春水”意象。它既多见于辽代织绣，用于金银器纹样自然也是时风。出自内蒙古通辽市吐尔基山辽墓的银鎏金嵌宝包镶漆匣，乃奁匣一具，内置“李家供奉”鹦鹉衔花枝铜镜一枚。奁匣盖表中心一大朵莲花，花心嵌龙纹玉片，花外卷草纹地子上嵌玉花、玉鱼，又以金花错落其间，各色宝石嵌作花蕊。外缘一周连珠纹。图案里所有的纹样都以粟粒纹勾边，愈见得金玉交辉如同一方七宝池（图9）。奁匣内底也如同盖里，即贴了一层金箔，中间一个

8

錾花金壶

陕西咸阳西北医疗器械厂工地出土

9

银鎏金嵌宝包镶漆奁匣

通辽市吐尔基山辽墓出土

银鎏金嵌宝包镶漆奁匣・内底

10

银鎏金捍腰

辽宁凌源小喇嘛沟一号墓出土

圆孔用于从底部插出铜镜，却借势把圆孔变成璧之“好”，璧之“肉”便是“谷文”地子上的缠枝花草。整个纹样是一枚风翻莲叶，玛瑙地上四只飞鱼，飞鱼和莲叶边都鎏金。

金银制作的捍腰，从目前发现来看，为辽代所独有。捍腰的主要形制有两类。形制之一，是捍腰一片式如展开的菩萨冠装饰在腰间，有出土位置明确的实例可证，辽宁凌源小喇嘛沟一号墓出土一件银鎏金捍腰即是这一形制（图 10），捍腰高 10.5 ～ 18.5 厘米，底边通长 64 厘米，左右两端各以铜铆钉固定一个桥形铜扣环，内缘做出数组成对的细孔，当是用于钉缀背衬。器表打作一幅以一大朵莲花为主的池塘小景。细錾水波纹为地，侧向舒展的莲叶，俯身照水的莲花，从柔条中宛转而出的慈姑叶，在粼粼波光中摇曳出满池生意。

辽代金银首饰中簪钗很少，簪钗之类当为汉族女子所用。出自河北易县大北城金银器窖藏的簪钗与梳篦数十件，多数造型和纹饰都是北宋气韵。满池娇纹金梳子一枚，虹桥式梳背两面都是鱼子地上的缠枝莲，莲花上的鸳鸯一对布置在中间，两边缠枝莲上分别是鸳鸯、水禽各一，下方又是对称排布的莲花、莲蕾和慈姑叶。梳脊一溜缠枝莲上五个孩儿，三人起舞在花心，两个孩儿在莲花上侧卧而眠，两边分别是水禽和慈姑叶。梳背下缘内折打作仰覆莲瓣，与梳齿连做（图 11）。又有缠枝莲纹金梳子一枚，梳脊和两面梳背均打作鱼子地上含娇吐润的缠枝莲花，花瓣和花叶细錾脉理仿佛画笔，花心点蕊（图 12）。

11

满池娇纹金梳子

河北易县大北城窖藏

12

缠枝莲纹金梳子

河北易县大北城窖藏

宋人爱花，酒事更每与花事相连，即席歌唱的送酒“新词”涉及花事者自然也最多，因此金银酒器的造型与纹饰取意于花卉者，差不多占了第一。荷花荷叶不必说是兴起人意的花卉，夏日池塘，新绿照人，嫩红照眼，折一茎带露的荷叶拗作“碧筩”，以此荷香送酒，早是前朝风流（《酉阳杂俎·前集》卷七）。取式于荷叶荷花制为象生杯盏，自可在筵席间添助清欢。

“金荷”是屡见于两宋诗词中的物象，如李弥逊《感皇恩·端礼节使生日》“一时分付与，金荷劝”；无名氏《水调歌头》“湖山风月，且与吟笑侧金荷”；又杨万里“长亭更放金荷浅，后夜谁同璧月圆”（《中秋前两日别刘彦纯彭仲庄于白马山下》）。金荷可以指荷叶杯，也可以指荷花杯盏，只是荷叶金杯至今尚未发现实物，但却有象生荷花盏可见，如江苏溧阳平桥银器窖藏中式样不同的三只。其中两只尺寸与分量都很相近，应是一组。式样不同，似在于品种有别。其一单瓣，内里细线錾出花瓣肌理和纤纤花蕊，花心七个水涡纹仿若涓涓清露，见出它是新花初放，尚未结籽（图13）。其一重瓣层叠，花瓣之缘錾出因风内卷的样子而倍显娇柔，内心却不是花蕊也不是莲蓬，而是一簇簇小花（图14）。这里表现的该是千叶莲或曰重台莲，即所谓“一花既开，从莲房内又生花，不结子”（明王象晋

13

象生花式银鎏金盏·荷花

江苏溧阳平桥窖藏

14

象生花式银鎏金盏·千叶莲

江苏溧阳平桥窖藏

《群芳谱》)。李时珍《本草纲目》卷三十三："其花白者香，红者艳，千叶者不结实。"《太平御览·地部四》引《华山记》云"山顶有池，生千叶莲花，服之羽化"。羽化，则登仙也，千叶莲自非凡品。此外一只荷花盏却是圆口，盏壁打作荷花瓣，内心是花蕊托起的莲蓬(图15)。这一件尺寸、重量特别是风格，与其他两件差别比较大，当不是同一组。它虽然也可以概称"荷花盏"，但认真说来，还不能算作"荷花象生"。

莲花用作金银酒器的装饰纹样，自然就更多。衢州博物馆藏银鎏金莲塘纹盘盏一副，盘内底作为承盘标志的圆心里錾刻相向而开的两朵折枝花，圆心之外的一周錾刻细密的水花以为涟漪，涟漪上面浮出八朵莲花和漾起的一圈圈水泡。盘上面坐一个与它纹样一致的椭圆形银鎏金夹层盏(图16)。台盏或盘盏一副，是盏与承盘的组合，施展设计才能的空间自然更大一些。杭州临安原高虹中小学出土一件银酒台子，宝妆莲花的覆莲台座，宽平沿上一周莲花、莲叶、莲蓬、慈姑叶，取意仍在莲塘风物，虽然环绕覆莲座的水波翻卷如海浪。台心一对闹蛾，亦即孟家蝉(图17)。

15

银鎏金荷花盏

江苏溧阳平桥窖藏

16

银鎏金莲塘纹盘盏一副

衢州市博物馆藏

17

银酒台子

杭州临安原高虹中小学出土

双莲或曰并头莲、并蒂莲，是传统中的瑞象，常用于织绣图案，金银器便多以它为盘心、盏心的錾刻纹样，因势赋形把它图案化，其实每每是花开两枝而颠倒相并，却也有将心萦系“双花双叶又双枝”的娇盼温柔（宋无名氏《九张机》）。湖北蕲春罗州城南宋金器窖藏中以瓶花为题材的几副金耳环尤见精巧。耳环均成色佳好，不过质料都很轻薄，长短大小多不及一指。比如瓶莲鸳鸯金耳环一副，各重 3.3 克。花瓶造型取了宝瓶的样式，即以丝帛结颈而长带飘垂，瓶身四道弦纹分隔装饰带，上部是用锥点装饰出来的三道缠枝卷草，下部打出一周仰莲，瓶颈飘垂下来的长带分别在仰莲的两边向外卷作圆环，圆环里各一个鱼坠。花瓶的圈足下边又悬了一个小环，环里一朵并蒂莲，并蒂莲下系一个比翼鸳鸯坠，鸳鸯脚下缀流苏，花瓶里疏蕊纤枝，是夏日莲塘的一角清景（图 18）。又有盆莲小景儿金耳环一副，各重 3.5 克。耳环不计金脚通长不过六厘米左右，却是莲塘景致众多意象的荟萃。占据中间位置的方盆里耸出一柄莲花，莲叶和慈姑叶两厢簇拥，莲花心内探出一根金丝，其端一只须翅毕现的小蜻蜓轻轻落在慈姑叶上。一枚龟游莲叶贴在方盆外面，莲叶的上缘一双唇吻相对的鸳鸯，莲叶下方的一对金环各一个鱼坠（图 19）。这里盆莲之外的诸般小景都各有名目。莲花、莲叶、慈姑叶和蜻蜓，是流行纹样满池娇中的构图元素。如前面所举，龟游莲叶也是唐以来即广泛流行的传统纹样，久被视作储福纳吉的祥瑞图，又是风行于宋代的祝寿之瑞象。妙手与诗心攒造出来的耳环，正是会聚时尚的一叶金饰小品，鲜灵，工巧，几分入世的俗气愈使它讨人欢心。一副金累丝瓶莲耳环，则特以攒焊工艺之精而见胜，它把金材剪作若干细窄的长条，然后用此数枚攒焊出一个四棱花瓶，瓶身四面分别装饰三卷如意头，花瓶两侧各缀一对双环耳，再以素金片做成花瓶的底足。花瓶里插一束金条攒焊的并蒂莲和两枝桃花。组成花瓶和花朵的边框均满布粟粒

18
瓶莲鸳鸯金耳环
湖北蕲春罗州城遗址窖藏

19
盆莲小景儿金耳环
湖北蕲春罗州城遗址窖藏

20
金累丝瓶莲耳环
湖北蕲春罗州城遗址窖藏

一般的连珠纹（图 20）。

“化生”之名源出释典，其形象在中土也出现得很早，不过并不十分拘泥于经义，而常常是作为一种意象，灵活布置在各种形式的艺术品中。唐代装饰纹样中，“化生”已是《孩儿诗》所云“垂额绿荷圆”的世间相。两宋“化生”则定型为持花或攀枝的童子，且泰半脱离释典中的特定意义，而成为一种运用极普遍的装饰艺术。《营造法式·雕作制度》所举八品中的第三品便是“化生”，注云“以上并手执乐器或芝草、华果、瓶盘、器物之属”。山西金墓里仿真建筑的雕作装饰中，多见或者持花或者攀枝的小儿（图21），形象也近乎七夕时节的磨喝乐，——《东京梦华录》记述七夕风俗，道“小儿须买新荷叶执之，盖效颦磨喝乐”。宋无名氏《九张机》咏织锦纹样曰“合欢树上枝连理，双头花下，两同心处，一对化生儿”。这里的化生儿便同于宜子之祥，织梭下的图案里，因此更缠绕了柔情蜜意。许一个愿心，结一场俗缘，化生儿于是戴在耳边、系于腰间矣。浙江衢州南宋史绳祖墓出土一件金佩饰（图22），是肩上搭着一枝莲花的化生儿，长长的莲花梗从肩膀上落下来，穿过孩儿的手心，便成用于佩系的圆环。

21

山西侯马金墓砖雕

22

化生儿金佩饰

浙江衢州南宋史绳祖墓出土

23

莲叶童子金耳环

无锡黄氏家族墓出土

然而到了明代，持花或攀枝的小儿已称作“童子攀莲”（《天水冰山录》载有“金厢珠宝童子攀莲耳环”），名称改变，寓意也与前不同。无锡黄氏家族墓之黄抃妻范氏墓出土莲叶童子金耳环一对，莲叶为托座，莲叶上面的童子梳着丫髻，手里捧的却是一枚古禄钱（图 23），可知莲花童子虽然前身是“化生”，但至此已蜕变为“招财进宝”的吉祥童子。

前面说到荷叶仰可为盘，覆可为盖，一枚倒覆的荷叶，下方也成一个充满情趣的世界。湖北恩施猫儿堡出土金玎珰七事一副，顶端（颇疑上方缺物）一小枚覆莲，以金链连一枚金累丝的倒覆莲叶，

24

金玎珰七事

湖北恩施猫儿堡出土

莲叶两边各垂一个小铃，下方缀一个镂空的牡丹双鸾，复以两组累丝莲叶和莲花系连一大一小两枚圆牌，大的是一幅游春图：远景一座楼阁，近景小桥流水和一树垂柳，桥上一行三人，中间一人骑马，前方一人荷伞，后边一人挑担。小圆牌是一幅庭园小景。下边又是莲叶和垂铃，又有小花、金锭和一个攀花小儿。圆牌两边垂系的挂坠还有灯毬和童子（图 24）。这一副的玎珰挂件多是累丝作，累丝的小铃自是意取“玎珰”。出自四川平武王玺家族墓的一副，通长 28 厘米，金珠做成提系，下连一枚覆莲，莲叶翻转来，中间却是卧着一朵莲花，上面一对鸳鸯，鸳鸯口里各衔一挂“玎珰”：覆莲下边

金玎珰七事（局部）

25

金玎珰七事

四川平武王玺家族墓出土

缀着古禄钱、铎铃、铃铛、金锭、莲花和鱼（图 25）。“多谢浣纱人不折，雨中留得盖鸳鸯”，唐诗中的清辞丽句早已助得装饰纹样成为图式，但从图式中寻求变化依然需要工匠的创意，而不断为传统纹样灌注生命。

26
荷叶青蛙银指套
北京市海淀区博物馆藏

入清，吉祥纹样的大合唱响彻装饰领域，以若干物事的谐音凑合吉语组织为图案，是纹样设计的主要思路，莲荷自然也是其中的一个声部。不过合唱之外，尚偶有别调。北京市海淀区博物馆藏一对银指套，套筒水波纹地子上打作水藻间嬉游的鱼、虾、蟹，近管口处贴焊一枚荷叶，荷叶上面一只似将跃身入水的青蛙（图26）。“金”风中的荷塘清景，到底留驻一点在指尖上。

图片来源总览

《风日常新》

一、图版（未注明者，均为中国国家博物馆藏品，并为馆方提供图片）

1-1　宋“临安府符家”黑漆盂

1-2　南宋“碧天”铜釦蜀葵碟

1-3　宋蜀葵式黑漆盒

2-1　清黑漆螺钿水浒人物方茶盘·母大虫顾大嫂

2-2　清黑漆螺钿水浒人物方茶盘·入云龙公孙胜

2-3　清黑漆螺钿水浒人物方茶盘·混江龙李俊

2-4　清黑漆螺钿水浒人物方茶盘·一丈青扈三娘

3-1　清黑漆描金圆盘

3-2　清黑漆描金圆盘

4-1　清黑漆螺钿《西厢记》故事图盘·佛殿奇逢

4-2　清黑漆螺钿《西厢记》故事图盘·佛殿奇逢

4-3　清黑漆螺钿《西厢记》故事图盘·乘夜踰墙

4-4　清黑漆螺钿《西厢记》故事图盘·长亭送别

5　明江千里款嵌螺钿黑漆执壶

6　清皮胎朱漆彩绘葫芦式餐具盒

清皮胎朱漆彩绘葫芦式餐具盒仿单

7 清雕填缠枝莲五蝠捧盒

8 清剔红冰梅纹攒盒

9 清剔红山水人物双联提匣

10 清黑漆描金屉盒

11 清剔彩花篮式盒

12 清剔红婴戏图石榴式盒

13 明剔红花鸟匣

14 清乾隆款戗金彩漆双凤长盒

15 明紫檀雕十八学士图拜匣

明紫檀雕十八学士图拜匣局部及立面 自摄

16 清黑漆彩绘人物拜匣

17-1 清彩漆都丞文具

17-2 清彩漆都丞文具·葫芦水盂 自摄

17-3 清彩漆都丞文具·花插 自摄

17-4 清彩漆都丞文具·金漆螭虎镇尺 自摄

18 日本莳绘松鹤百寿带屉盒

日本莳绘松鹤百寿带屉盒·盖里 自摄

日本莳绘松鹤百寿带屉盒·屉 自摄

19 日本黑漆描金山水笔筒

20 清黑漆螺钿二龙戏珠盘

21 清嵌银镶玉红木帽架

22 清嵌银丝紫檀帽架

23 清紫檀帽架

24 清黄花梨镜台

25 明万历黑漆描金药柜 自摄

明万历黑漆描金药柜（打开）

26 清竹雕五鬼闹判香筒

27　清乾隆透雕文竹梅花式盒

28　清文竹花卉扁壶

29　清竹刻十八罗汉消息筒

30　乾隆赏玩六棱云寿纹瓶

31-1　清押花湖石花木油胡鲁葫芦

31-2　清押花云龙油胡鲁葫芦

32　清仙人乘槎犀角杯

33　清教子升天犀角杯

34　明象牙雕山水人物双陆子

35-1　清象牙《西厢记》酒筹连刻花牙筒

35-2　清象牙《西厢记》酒筹连刻花牙筒

36　明铜投壶

37　清红木状元筹

38　清象牙雕龙舟

39　牙雕龛像

40　清金漆柄香炉

41-1　清黄杨木透雕如意　自摄

41-2　清剔黑云龙山水如意

41-3　清剔红如意

42-1　清米粮店"公平交易"幌（"交"字幌）

42-2　清米粮店"公平交易"幌（"易"字幌）

43　清"本行自置糯米发客"米粮店幌子

44　清月饼模子

45　清月饼模子

46　清饽饽模子

47-1　清镶珠宝点翠钿子

47-2　清镶珠宝点翠钿子

48 清银镀金点翠嵌宝福寿绵长簪

49 清银镀金点翠鲤鱼跃龙门簪

50 清点翠头饰（宝盖）

51 清点翠凤簪一对

52 清点翠嵌宝凤穿花钗一对

53-1 清珊瑚珠翠流苏

53-2 清银镀金点翠竹叶流苏局部

54 清银镀金点翠鹦哥架

55 清银镀金龙戏珠耳挖簪

56-1 清银镀金折枝菊花耳挖簪

56-2 清银镀金盆花耳挖钗

56-3 清银镀金盆菊耳挖钗

57 清沉香木镶金珠福寿字十八子

58 清镶金嵌珠伽南手镯

59-1 隋银指甲套 西安西郊隋李静训墓出土

59-2 清金累丝嵌珠宝指甲套一对

60 清蛋青纱多重镶滚女衫

61-1 清玉色纳纱绣镶边女衫

61-2 清蓝色纳纱绣风景人物女衫

62 清酱色漳绒花卉夹马褂

63 清红纳纱绣二十四孝故事夹坎肩

64-1 清秋香色漳绒团鹤夹坎肩

64-2 清宝蓝漳缎团花夹坎肩

65-1 清黄洋绉彩绣鱼鳞百褶裙

清黄洋绉彩绣鱼鳞百褶裙展开 自摄

清黄洋绉彩绣鱼鳞百褶裙之“鱼鳞”（侧视） 自摄

65-2 清十锦洋绉彩绣鱼鳞百褶裙

66-1　清实地纱彩绣鱼鳞百褶凤尾裙

拉锁绣百花草虫　自摄

清实地纱彩绣鱼鳞百褶凤尾裙上的铅笔画稿　自摄

清实地纱彩绣鱼鳞百褶凤尾裙之绣品与画稿对比　自摄

66-2　清十锦缎地彩绣鱼鳞百褶凤尾裙

雕绣如意头　自摄

66-3　清洋绉彩绣鱼鳞百褶凤尾裙　自摄

67　清困秋帽

清困秋帽（飘带展开）　自摄

68-1　清花盆底绣鞋

68-2　清花盆底绣鞋

68-3　清花盆底绣鞋

二、插图

插图 1　银釦青釉碗　陕西蓝田北宋吕氏家族墓地出土

插图 2　银釦定窑白瓷盏　常州武进村前乡南宋墓出土　常州博物馆藏　自摄

插图 3　宋“临安府符家”黑漆盂　杭州老和山宋墓出土　浙江省博物馆藏　自摄

插图 4　宋蜀葵式黑漆盒　江苏江阴文林公社出土　常州博物馆藏　自摄

插图 5　《三才图会》中的托子

插图 6-1　清黑漆螺钿水浒人物方茶盘·双枪将董平　上海博物馆藏　自摄

插图 6-2　清黑漆螺钿水浒人物方茶盘·智多星吴用　上海博物馆藏　自摄

插图 6-3　清黑漆螺钿水浒人物方茶盘·霹雳火秦明　上海博物馆藏　自摄

插图 6-4　清黑漆螺钿水浒人物方茶盘·母夜叉孙二娘　上海博物馆藏　自摄

插图 6-5　清黑漆螺钿水浒人物方茶盘·一丈青扈三娘　上海博物馆藏　自摄

插图 6-6　清黑漆螺钿水浒人物方茶盘·拼命三郎石秀　上海博物馆藏　自摄

采自东都书林堂宽政十一年版

插图 27-2　康熙款匏制漆里碗　故宫博物院藏　自摄

插图 28-1　《北京民间风俗百图·卖蝈蝈》　采自书目文献出版社一九八三年版

插图 28-2　清代俏色玛瑙鼻烟壶　辽宁省博物馆藏　自摄

插图 29-1　莲花犀杯　牛津大学博物馆藏　自摄

插图 29-2　荷叶犀角杯　山东博物馆藏　自摄

插图 30　“天成”款犀角雕仙人乘槎杯　上海博物馆藏　自摄

插图 31　白玉教子升天杯　故宫博物院藏　采自《中国玉器全集·5》图版一〇七

插图 32　双陆子　江苏江阴明夏颧墓出土　江阴博物馆提供

插图 33-1　《汉宫春晓图》中的打双陆　辽宁省博物馆藏　自摄

插图 33-2　双陆规局　采自《文林聚宝万卷星罗》

插图 34　镇江丹徒丁卯桥唐代金银器窖藏中的酒筹

插图 35　清象牙《红楼梦》酒筹连筒　泸州博物馆藏　自摄

插图 36-1　《投壶新谱》　采自《文林聚宝万卷星罗》

插图 36-2　《朱瞻基行乐图》局部　故宫博物院藏　自摄

插图 37　《海上百艳图·妙手抡元》　采自《吴友如画宝》

插图 38　清牙雕群仙祝寿塔　故宫博物院藏　自摄

插图 39-1　运送舍利　巴尔胡特大塔浮雕　自摄

插图 39-2　八分舍利　桑奇大塔南门背面第三横梁右　自摄

插图 40　墨书功德榜　摄于榆林窟

插图 41　巩县石窟帝妃礼佛图局部　自摄

插图 42　银香炉　内蒙古赤峰宁城埋王沟辽墓出土

内蒙古自治区文物考古研究所藏　自摄

插图 43　山西繁峙公主寺明代壁画　自摄

插图 44　杨柳青年画《麟吐玉书》(乾隆时期)局部　中国美术馆藏　自摄

插图 45　仇英《清明上河图》局部　辽宁省博物馆藏　自摄

插图 46　《北京风俗图谱》中的幌子　采自平凡社一九八六年版

插图 47　清月饼模子　天津博物馆藏　自摄

插图 48　杨柳青年画《拱向蟾轮》　天津博物馆藏　自摄

插图 49　康熙帝温僖贵妃凤钿　出自清东陵　自摄

插图 50　清镶珠翠钿子　故宫博物院藏　自摄

插图 51–1　中国外销画　钻珠

采自《十九世纪中国市井风情：三百六十行》页 34

插图 51–2　中国外销画　点翠花

采自《十九世纪中国市井风情：三百六十行》页 157

插图 52　清石青地彩绣鲤鱼跃龙门镜套　中国国家博物馆藏　自摄

插图 53–1　常熟女画家叶祖巽仕女屏局部　常熟博物馆藏　自摄

插图 53–2　《海上百艳图·媲美鹤林》局部　采自《吴友如画宝》

插图 54　《胤禛行乐图》局部　故宫博物院藏　采自《清史图典》

插图 55　杨柳青年画《麒麟送子》局部　中国美术馆藏　自摄

插图 56–1　清金累丝鹦哥架　首都博物馆藏　自摄

插图 56–2　清金累丝镶宝鹦哥架　艾尔米塔什博物馆藏　自摄

插图 57　明佚名《货郎图》局部　东京国立博物馆藏　自摄

插图 58　鹌鹑笼耳挖式银钗　东京都江户东京博物馆藏　自摄

插图 59–1　杨柳青年画《麒麟送子》（乾隆）局部　中国美术馆藏　自摄

插图 59–2　杨柳青年画《加冠仕女图》（雍正）局部　中国美术馆藏　自摄

插图 60　清珠翠瓶花蝴蝶耳挖簪　故宫博物院藏　自摄

插图 61–1　清翠十八子　故宫博物院藏　自摄

插图 61–2　清碧玺十八子　故宫博物院藏　自摄

插图 62　杨柳青年画《弹琵琶仕女》局部　中国美术馆藏　自摄

插图 63–1　《红楼梦》人物衣边（摹绘）　采自《中国历代服饰》页 297

插图 63–2　清浅蓝纱彩绣藤萝团寿字衬衣　清东陵文物管理处藏　自摄

插图 64–1　清蜀绣鸟兔蜂蝶花卉蓝缎袖边　四川大学博物馆藏　自摄

插图 64–2　清代织绣衣边　广州美术馆藏　自摄

插图 65-1 《西湖十景图·平湖秋月》 日本町田国际版画美术馆藏 自摄

插图 65-2 《北京民间风俗百图·看西湖景》 采自书目文献出版社一九八三年版

插图 66-1 清天蓝缎地大镶边琵琶襟坎肩 清华大学艺术博物馆藏 自摄

插图 66-2 清爱竹斋加官进禄年画 天津博物馆藏 自摄

插图 67 《北京风俗图谱·服饰第四·礼冠便帽》局部 采自平凡社一九八六年版

插图 68 清代年画《唱影戏图》局部 首都博物馆藏 自摄

《北宋卤簿钟上的"千里江山图"》

图 1 ～ 4 北宋卤簿钟 辽宁省博物馆藏 自摄

《深藏在黄悦岭下的南宋故事》

图 1 六面铜印 南宋张同之夫妇墓出土 南京市博物总馆藏 自摄

图 2 张同之《题三祖寺》拓片 采自《天柱山山谷流泉石刻》页 63

图 3-1 端砚 南宋张同之夫妇墓出土 南京市博物总馆藏 自摄

图 3-2 方水滴子 南宋张同之夫妇墓出土 南京市博物总馆藏 自摄

图 3-3 铜镇尺与铜笔架 南宋张同之夫妇墓出土 南京市博物总馆藏 自摄

图 4-1 铜镇尺 福州茶园山南宋许峻墓出土 福建博物院藏 自摄

图 4-2 铁镇尺 陕西蓝田吕氏家族墓地出土 陕西省考古研究院藏 自摄

图 4-3 边都护《文房图赞》

图 5 政和元年铭三足歙砚 陕西蓝田吕氏家族墓地出土 陕西历史博物馆藏 自摄

图 6 金镶玉花钱 南宋张同之夫妇墓出土 南京市博物总馆藏 自摄

图 7-1 银长瓶 南宋张同之夫妇墓出土 南京市博物总馆藏 自摄

图 7-2 银蕉叶 南宋张同之夫妇墓出土 南京市博物总馆藏 自摄

图 7–3　**金釦银酒盂**　南宋张同之夫妇墓出土　南京市博物总馆藏　自摄

图 7–4　**银盘**　南宋张同之夫妇墓出土　南京市博物总馆藏　自摄

图 8　**银釦定窑白瓷盏**　南宋张同之夫妇墓出土　南京市博物总馆藏　自摄

图 9　**《月下把杯图》局部**　天津博物馆藏　自摄

图 10–1　**金花银蕉叶**　纽约大都会博物馆藏　自摄

图 10–2　**银釦水晶蕉叶杯**　南京北宋长干寺真身塔地宫出土

南京市博物总馆藏　自摄

图 11–1　**《骷髅幻戏图》局部**　故宫博物院藏

采自《宋画全集》第一卷第四册图五七

图 11–2　**《春游晚归图》局部**　故宫博物院藏

采自《宋画全集》第一卷第七册图一四八

图 11–3　**《胡笳十八拍·第十四拍》局部**　纽约大都会博物馆藏

采自《胡笳十八拍图》(天津人民美术出版社二〇〇七年版)

图 12　**银盒**　南宋张同之夫妇墓出土　南京市博物总馆藏　自摄

《川南宋墓石刻的世间声色》

图 1–1、2　**彩陶伎乐**　成都龙泉驿十陵镇青龙村赵廷隐墓出土

成都博物馆藏　自摄

图 2–1　**启门**　泸县福集镇龙兴村一号墓出土宋墓石刻

泸县博物馆藏　自摄

图 2–2　**挽幔**　泸州博物馆藏宋墓石刻　自摄

图 2–3　**捧盒**　泸州博物馆藏宋墓石刻　自摄

图 2–4　**焚香**　泸州博物馆藏宋墓石刻　自摄

图 3–1　**宋墓石刻**　泸州博物馆藏　自摄

图 3–2　**宋墓石刻**　合江博物馆藏　自摄

图 3–3　宋墓石刻　泸州博物馆藏　自摄

图 4　宋墓石刻　泸县牛滩百洋村一组马鞍山出土　泸县博物馆藏　自摄

图 5　宋墓石刻　泸州博物馆藏　自摄

图 6–1、2　宋墓石刻　泸县博物馆藏　泸县文物局提供

图 6–3　宋墓石刻　合江博物馆藏　自摄

图 6–4　凤钗　湖北蕲春罗州城遗址南宋窖藏出土
蕲春县博物馆藏　自摄

图 7–1　吹龙笛　合江大桥镇黄包山赵院子宋墓出土石刻
合江博物馆藏　自摄

图 7–2　击拍板　合江大桥镇黄包山赵院子宋墓出土石刻　合江博物馆藏　自摄

图 7–3、4　击扇鼓　合江大桥镇黄包山赵院子宋墓出土石刻
合江博物馆藏　自摄

图 8–1　吹龙笛　南宋安丙家族墓福国夫人李氏墓石刻　自摄

图 8–2、3　吹龙笛　南宋安丙家族墓石刻　自摄

图 9–1　击扇鼓　南宋安丙家族墓石刻　自摄

图 9–2　击扇鼓　南宋安丙家族墓石刻　自摄

《一物，一诗，一幅画》

图 1–1　玉璧（绦环）与丝绦　浙江台州黄岩南宋赵伯澐墓出土
黄岩博物馆藏　自摄

图 1–2　水晶璧（绦环）与丝绦　浙江台州黄岩南宋赵伯澐墓出土
黄岩博物馆藏　自摄

图 2　赵孟頫《自写小像》　故宫博物院藏　自摄

图 3–1　玉绦环　山西大同元冯道真墓出土　大同博物馆藏　自摄

图 3–2　元水晶绦环　高安博物馆藏　自摄

图 4–1　《五百罗汉图》局部　日本大德寺藏

采自《大德寺伝来五百羅漢図》页 169

图 4–2　玉绦环　金华金东区曹宅镇郑刚中墓出土　金华博物馆藏　自摄

图 5–1　春水玉绦环　无锡市雪浪乡元钱裕墓出土　无锡博物院藏　自摄

图 5–2　玉螳螂绚环　中国国家博物馆藏　自摄

图 6　刘贯道《消夏图》局部　美国纳尔逊艺术博物馆藏　友人提供

图 7–1　玉对蝶　辽宁朝阳北塔天宫出土　朝阳市北塔博物馆藏　自摄

图 7–2　银对蝶　湖州龙溪乡三天门宋墓出土　湖州市博物馆藏　石超提供

图 7–3　银对蝶与粉盒　浙江大学北宋一号墓出土　杭州博物馆藏　自摄

图 8　蔡襄《致通理当世屯田尺牍》局部　台北故宫博物院藏

采自《宋代花笺特展》（图录）

《步摇花与步摇冠》

图 1　帛画　长沙马王堆一号西汉墓出土　湖南省博物馆藏　自摄

图 2–1　步摇花　甘肃张掖高台地梗坡四号墓出土　高台博物馆藏　自摄

图 2–2　步摇花　甘肃凉州红花村出土　高台博物馆藏　自摄

图 3　漆画屏风局部　北魏司马金龙墓出土　山西博物院藏　自摄

图 4–1　金钿　南京郭家山东晋一号墓出土　南京市博物总馆藏　自摄

图 4–2　金摇叶　南京郭家山东晋一号墓出土　南京市博物总馆藏　自摄

图 4–3　金钿与摇叶　南京大学北园东晋墓出土　南京大学博物馆藏　自摄

图 5　金摇叶　河北磁县茹茹公主墓出土　邯郸市博物馆藏　自摄

图 6　步摇花　隋李静训墓出土　中国国家博物馆藏　馆方提供

图 7–1　步摇冠　萨尔马泰女王墓出土　采自《霍赫拉奇墓葬：新切尔卡斯克藏品》

图 7–2　步摇冠复原　采自《霍赫拉奇墓葬：新切尔卡斯克藏品》

图 7–3　步摇冠饰物的插接　采自《霍赫拉奇墓葬：新切尔卡斯克藏品》

图 8　**步摇冠**　阿富汗席巴尔干六号大月氏墓出土　阿富汗国家博物馆藏　自摄

图 9-1 ～ 3　**金摇叶饰**　和田博物馆藏　自摄

图 9-4　**金镶宝摇叶耳饰**　和田博物馆藏　自摄

图 10　**凤鸟形步摇冠饰**　通辽科左后旗毛力吐出土　科尔沁博物馆藏　自摄

图 11　**马头步摇一对**　包头市达茂旗西河子窖藏

内蒙古博物院（上）与中国国家博物院（下）藏　自摄

图 12　**牛头步摇一对**　包头市达茂旗西河子窖藏

内蒙古博物院（左）与中国国家博物院（右）藏　自摄

图 13　**金步摇**　辽宁朝阳十二台砖厂东晋墓出土　朝阳博物馆藏　自摄

图 14　**金步摇**　辽宁朝阳他拉皋镇西团山鲜卑墓出土　朝阳博物馆藏　自摄

图 15　**金步摇**　辽宁北票喇嘛洞七号墓出土　辽宁省博物馆藏　自摄

图 16　**金步摇**　辽宁北票房身村二号墓出土　辽宁省博物馆藏　自摄

图 17　**金步摇饰件**　辽宁北票房身村东晋墓出土　朝阳博物馆藏　自摄

图 18　**带形饰**　吉林集安禹山墓区太王陵出土

采自《集安出土高句丽文物集粹》页 104

图 19　**新罗时期的步摇冠**　韩国庆州校洞出土　采自《国立庆州博物馆》页 29

图 20　**金步摇冠架**　北燕冯素弗墓出土　辽宁省博物馆藏　自摄

图 21　**金蝉珰**　北燕冯素弗墓出土　辽宁省博物馆藏　自摄

图 22　**银鎏金男式凤冠**　辽宁凌源小喇嘛沟辽墓出土　凌源市博物馆藏　自摄

《“博鬓”造型溯源》

图 1-1　**金镶宝珠点翠九龙九凤冠**　北京定陵出土　中国国家博物馆藏　自摄

图 1-2　**金镶宝珠点翠三龙二凤冠**　北京定陵出土　故宫博物院藏　自摄

图 2-1　**战国玉饰**　南昌海昏侯墓出土　江西省博物馆藏　自摄

图 2-2　**战国玉饰**　华盛顿弗利尔美术馆藏　自摄

图 3　玉人（商周）　故宫博物院藏　笔者摩

图 4–1　汉画像石局部（拓片）　邹城市文物局藏　自摄

图 4–2　汉画像石局部（拓片）　四川彭州太平乡出土　自摄

图 5　龙门石窟雕刻　友人提供

图 6　《女孝经图》局部　故宫博物院藏　采自《宋画全集》第一卷第五册图九九

图 7　宋钦宗皇后像局部　清宫旧藏　友人提供

图 8　明穆宗孝安后像局部　清宫旧藏　友人提供

图 9　凤冠上的博鬓　遵义播州杨氏土司家族墓出土　贵州省博物馆提供

图 10　西王母骑凤金簪　湖北恩施猫儿堡出土

恩施土家族自治州博物馆藏　自摄

图 11　西王母　长治观音堂悬塑　自摄

《吐蕃金银器知见录》

图 1　鎏金银壶（复制品）　拉萨大昭寺藏　首都博物馆提供

图 2　金胡瓶　芝加哥普利兹克藏　自摄

图 3–1　嵌绿松石凤鸟纹金胡瓶　阿勒萨尼藏　自摄

图 3–2　嵌绿松石孔雀纹金瓶　阿勒萨尼藏　自摄

图 3–3　嵌绿松石兽面鸭纹金盘　阿勒萨尼藏　自摄

图 3–4　嵌绿松石对鸭纹金带銙　青海都兰热水墓群出土　自摄

图 4–1　金单柄錾手杯　青海都兰热水墓群出土　自摄

图 4–2　银鎏金嵌绿松石四曲花口錾手杯　青海乌兰县泉沟吐蕃时期壁画墓出土

采自《中国文物报》二〇二〇年一月十七日

图 5　银鎏金单柄錾手杯　芝加哥普利兹克藏　自摄

图 6　环耳带盖金杯　甘肃肃南西水大长岭唐墓出土　中国裕固族博物馆藏　自摄

图 7–1　银鎏金六龙纹夹层杯　甘肃肃南西水大长岭唐墓出土

中国裕固族博物馆藏　自摄

图 7-2　金龙　西安灞桥区红旗乡郭家滩出土　西安博物院藏　自摄

图 7-3　鎏金银豆　杭州临安明堂山水丘氏墓出土　杭州市临安区博物馆藏　自摄

图 8　银鎏金马具一副　芝加哥普利兹克藏　友人提供

图 9-1　后鞍桥与雁翅板金饰片　青海都兰热水墓群出土　自摄

图 9-2　雁翅板金饰片之一　青海都兰热水墓群出土　自摄

图 9-3　金杏叶　青海都兰热水墓群出土　自摄

图 9-4　金缨罩　青海都兰热水墓群出土　自摄

图 9-5　金铃铛　青海都兰热水墓群出土　自摄

图 9-6　金节约　青海都兰热水墓群出土　自摄

图 10　金鞘饰　青海都兰热水墓群出土　自摄

图 11　海神金镯之一　纽约大都会博物馆藏　采自《希腊金器》

图 12-1　金扣饰局部　阿富汗席巴尔干大月氏墓地六号墓出土

阿富汗国家博物馆藏　自摄

图 12-2　萨珊银碗碗心　大英博物馆藏　自摄

图 13　银鎏金镂花饰片　青海都兰热水血渭一号大墓一号殉马坑出土　自摄

图 14　金凤凰　西安灞桥区红旗乡郭家滩出土　西安博物院藏　自摄

图 15　镂空象纹金饰片　青海都兰热水墓群出土　自摄

图 16-1　银鎏金凤鸟纹饰片　芝加哥普利兹克藏　自摄

图 16-2　银鎏金伽陵频迦纹饰片之一　芝加哥利里兹克藏　自摄

图 16-3　银鎏金伽陵频迦纹饰片之二　芝加哥利里兹克藏　自摄

图 17-1、2　人像金饰片　青海藏医药博物馆藏　自摄

图 18　人物纹金饰片　青海都兰热水墓群出土　自摄

图 19　贴金锡盘局部　青海都兰热水墓群出土　自摄

图 20　骑射人金饰片　青海都兰热水墓群出土　自摄

图 21　珍珠冕旒银鎏金冠　青海乌兰泉沟吐蕃时期壁画墓出土

采自《中国文物报》二〇二〇年一月十七日

图 22-1　银瓶　芝加哥普利兹克藏　自摄

图 22-2　银鎏金鸳鸯纹饰片　瑞士阿贝格基金会纺织品研究中心藏　自摄

图 22-3　金饰片　甘肃省博物馆藏　自摄

图 23-1　银鎏金孔雀纹饰片　瑞士阿贝格基金会纺织品研究中心藏　自摄

图 23-2 ～ 4　银饰片　青海藏医药博物馆藏　自摄

图 24　金饰片　甘肃省博物馆藏　自摄

《广元旺苍唐代银器窖藏观摩记》

图 1-1　银提梁壶酒樽　四川广元旺苍县银器窖藏　旺苍县文管所藏　自摄

图 1-2　银酒勺　四川广元旺苍县银器窖藏　旺苍县文管所藏　自摄

图 2-1　“此是饮瓶不得别用”执壶　长沙博物馆藏　自摄

图 2-2　“宣徽酒坊”款银酒注　西安市西郊鱼化寨出土
陕西历史博物馆藏　自摄

图 3-1　银酒注　四川广元旺苍县银器窖藏　旺苍县文管所藏　自摄

图 3-2　银酒注（脱柄）　四川广元旺苍县银器窖藏　旺苍县文管所藏　自摄

图 3-3　银酒注（失流）　四川广元旺苍县银器窖藏　旺苍县文管所藏　自摄

图 3-4　银鎏金伎乐图酒注　四川广元旺苍县银器窖藏　旺苍县文管所藏　自摄

图 4-1　银五曲花口碗　四川广元旺苍县银器窖藏　旺苍县文管所藏　自摄

图 4-2　银盏　四川广元旺苍县银器窖藏　旺苍县文管所藏　自摄

图 5-1　银金花鸿雁纹四曲碗　陕西耀县柳林背阴村出土
陕西历史博物馆藏　自摄

图 5-2　“宣徽酒坊宇字号”款鸿雁纹银碗　陕西耀县柳林背阴村出土
陕西历史博物馆藏　自摄

图 5-3　银金花双鱼纹四曲花口碗　黑石号沉船出水
新加坡亚洲文明博物馆藏　自摄

图6　金花银团窠鸿雁纹四曲花口碗　四川广元旺苍县银器窖藏
旺苍县文管所藏　自摄

图7-1　金花银团窠鸿雁莲瓣纹酒海　四川广元旺苍县银器窖藏
旺苍县文管所藏　自摄

图7-2　金花银团窠鸿雁纹酒海　四川广元旺苍县银器窖藏
旺苍县文管所藏　自摄

图8-1　银长杯　内蒙古赤峰敖汉旗李家营子出土　内蒙古博物院藏　自摄

图8-2　银多曲长杯　大英博物馆藏　自摄

图9-1　金摩竭纹四曲长杯（酒船）　西安市太乙路出土
陕西历史博物馆藏　自摄

图9-2　鸿雁衔瑞纹金酒船　黑石号沉船出水　新加坡亚洲文明博物馆藏　自摄

图10-1　银多曲长杯　四川广元旺苍县银器窖藏　旺苍县文管所藏　自摄

图10-2～4　银酒船　四川广元旺苍县银器窖藏　旺苍县文管所藏　自摄

图11　金花银摩竭戏珠莲叶纹承盘　四川广元旺苍县银器窖藏
旺苍县文管所藏　自摄

图12-1　银鎏金莲花纹承盘　长沙中南工业大学桃花岭唐墓出土
长沙市博物馆藏　自摄

图12-2　银鎏金莲花双鱼纹承盘　山西繁峙县金山铺乡上浪涧村窖藏
山西博物院藏　自摄

图13-1　银素面四曲长盘　江苏镇江丹徒丁卯桥窖藏　镇江博物馆藏　自摄

图13-2　银金花人物故事图菱花口长盘　西安博物院藏　自摄

图14　菱花口素面长盘　四川广元旺苍县银器窖藏　旺苍县文管所藏　自摄

图15-1　银茶托　江苏镇江丹徒丁卯桥窖藏　江苏镇江博物馆藏　自摄

图15-2　“左策使宅茶库”银鎏金茶托　西安唐长安城平康坊遗址出土
中国国家博物馆藏　自摄

图16　银茶托　四川广元旺苍县银器窖藏　旺苍县文管所藏　自摄

图17　银唾盂　四川广元旺苍县银器窖藏　旺苍县文管所藏　自摄

图 18　银柳斗　四川广元旺苍县银器窖藏　旺苍县文管所藏　自摄

图 19-1　银提梁壶　四川广元旺苍县银器窖藏　旺苍县文管所藏　自摄

图 19-2　银提梁罐　四川广元旺苍县银器窖藏　旺苍县文管所藏　自摄

图 20　银熏炉残件　四川广元旺苍县银器窖藏　旺苍县文管所藏　自摄

图 21-1　四川广元千佛岩造像　自摄

图 21-2　四川广元观音岩造像　自摄

《“金”风吹开一池莲》

图 1　银荷叶盖　江苏镇江丹徒丁卯桥银器窖藏　镇江博物馆藏　自摄

图 2　银盐台荷叶盖　扶风法门寺地宫出土　扶风法门寺博物馆藏　自摄

图 3　金花银酒船　陕西耀县柳林背阴村出土　陕西历史博物馆藏　自摄

图 4　银鎏金酒船　三门峡市第二面粉厂出土　河南博物院藏　自摄

图 5　金花银酒船　西安博物院藏　自摄

图 6　双鱼纹金盏银盘（盘盏一副）　河南伊川鸦岭唐齐国太夫人墓出土　河南博物院藏　自摄

图 7　银金花朵带环子五足炉　扶风法门寺地宫出土　扶风法门寺博物馆藏　自摄

图 8　錾花金壶　陕西咸阳西北医疗器械厂工地出土　咸阳市博物馆藏　自摄

图 9　银鎏金嵌宝包镶漆奁匣　通辽市吐尔基山辽墓出土　内蒙古文物考古研究所藏　自摄

图 10　银鎏金捍腰　辽宁凌源小喇嘛沟一号墓出土　凌源市博物馆藏　自摄

图 11　满池娇纹金梳子　河北易县大北城窖藏　易县博物馆藏　郑旭明摄影

图 12　缠枝莲纹金梳子　河北易县大北城窖藏　易县博物馆藏　自摄

图 13　象生花式银鎏金盏·荷花　江苏溧阳平桥窖藏　镇江博物馆提供

图 14　象生花式银鎏金盏·千叶莲　江苏溧阳平桥窖藏　镇江博物馆提供

图 15　银鎏金荷花盏　江苏溧阳平桥窖藏　镇江博物馆提供

图16 银鎏金莲塘纹盘盏一副 衢州市博物馆藏 自摄

图17 银酒台子 杭州临安原高虹中小学出土 杭州市临安区博物馆藏 自摄

图18 瓶莲鸳鸯金耳环 湖北蕲春罗州城遗址窖藏 蕲春县博物馆藏 自摄

图19 盆莲小景儿金耳环 湖北蕲春罗州城遗址窖藏 蕲春县博物馆藏 自摄

图20 金累丝瓶莲耳环 湖北蕲春罗州城遗址窖藏 蕲春县博物馆藏 自摄

图21 山西侯马金墓砖雕 原址保存 自摄

图22 化生儿金佩饰 浙江衢州南宋史绳祖墓出土 衢州市博物馆藏 自摄

图23 莲叶童子金耳环 无锡黄氏家族墓出土 无锡博物院藏 自摄

图24 金玎珰七事 湖北恩施猫儿堡出土 恩施土家族苗族自治州博物馆藏 自摄

图25 金玎珰七事 四川平武王玺家族墓出土 四川省文物考古研究院藏 自摄

图26 荷叶青蛙银指套 北京市海淀区博物馆藏 自摄

后　记

与《定名与相知》的初编本相同，这一编也是观摩文物的收获与心得。“定名与相知”，一方面是为我的名物研究定义，一方面是确定自己努力的方向，博物馆的观展同样不离这一目标，因此把它作为书名沿用下来。

《风日常新：中国国家博物馆藏“杂项”文物中的生活与艺术》一文的写作，缘起是承蒙遇安师推荐，得以忝列《中国国家博物馆馆藏文物研究丛书·杂项卷》撰稿人，因有机会观摩大量的相关文物，成为一段难忘的经历。之后分别以《风日常新：馆藏“杂项”文物中的生活与艺术》和《中国国家博物馆藏清代首饰服装知见录》为题，刊发于《中国国家博物馆馆刊》二〇一七年第十期与二〇一八年第十期。

此外诸篇，均为观展所得，除《广元旺苍唐代银器窖藏观摩记》之外，皆曾先后发表于报刊等出版物：《北宋卤簿钟上的“千里江山图”》，刊于《文汇学人》二〇一七年十月二十七日；《“博鬓”造型溯源》，刊《文汇学人》二〇一九年三月二十九日；《吐蕃金银器知见录》，刊发《紫禁城》二〇二〇年第五期；《步摇花与步摇冠》，刊《文汇学人》二〇一九年七月五日；《“金”风吹开一池莲：金银器中的池塘小景》，刊《紫禁城》二〇二〇年第六期；《深藏在黄悦岭下的南宋故事：张同之夫妇墓出土器物细读》，载南京市博物总馆编《源·流：九十九件文物里的南京》(南京出版社二〇一〇年一月版)。

庚子寒露

定名与相知：博物馆参观记·二编
DINGMING YU XIANGZHI: BOWUGUAN CANGUANJI·ERBIAN

出版统筹：多　马　策　　划：多　马
责任编辑：吴义红　产品经理：多　加
书籍设计：鲁明静　内文制作：胡长跃
篆　　刻：张泽南　责任技编：伍先林

图书在版编目（CIP）数据

定名与相知：博物馆参观记．二编 / 扬之水著．--
桂林：广西师范大学出版社，2021.10
ISBN 978-7-5598-4216-9

Ⅰ．①定… Ⅱ．①扬… Ⅲ．①博物馆—中国—文集
Ⅳ．①G269.26-53

中国版本图书馆 CIP 数据核字（2021）第 173753 号

广西师范大学出版社出版发行
广西桂林市五里店路 9 号　邮政编码：541004
网址：http://www.bbtpress.com
出版人：黄轩庄
全国新华书店经销
天津图文方嘉印刷有限公司印刷
天津宝坻经济开发区宝中道 30 号　邮政编码：301800
开本：635 mm × 965 mm　1/16
印张：19　字数：142 千
2021 年 10 月第 1 版　2021 年 10 月第 1 次印刷
印数：0 001~8 000 册　定价：132.00 元